KB232928

에어로폰의 정석

제임스 정의

에어로폰아 놀자 ②

편저 James Jeong

반주QR코드

일신서적출판사

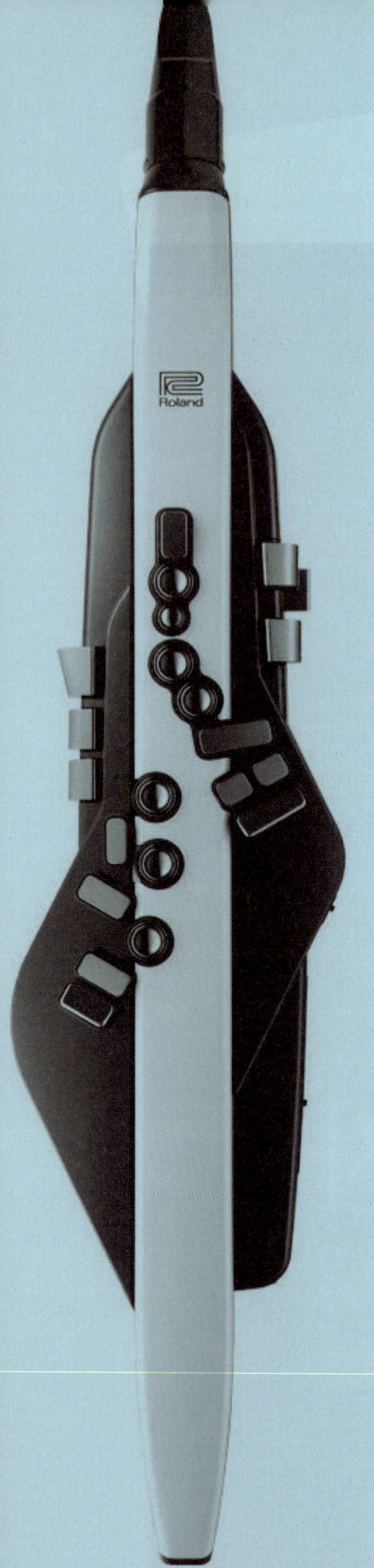

제임스 정의

에어로폰아 놀자 ❷

생활과 함께 숨 쉬는 에어로폰

에어로폰은 남녀노소 누구나 즐길 수 있고, 휴대하기가 좋으며, 쉽게 배울 수 있습니다. 또한 생활음악, 전자음악, 영화음악, 대중음악, 종교음악, 재즈, 클래식 등 여러 장르의 음악을 즐길 수 있는 전자관악기입니다.

예술과 함께 공존하는 에어로폰

에어로폰은 수백 개의 아름다운 음색이 내장되어 있어서 독주뿐만 아니라, 앙상블, 오케스트라와의 협연 등을 통해 관객들에게 신비로운 감동을 줄 뿐만 아니라 미술, 문학, 영화 등 여러 분야의 예술과도 교감을 갖습니다.

음악교육의 기본적인 도구로서의 에어로폰

에어로폰은 누구나 쉽게 배워서 즐길 수 있는, 가장 기본적인 음악적 도구로서 음악교육에 꼭 필요한 악기입니다.

이 교본을 통하여 음악 학원, 동호회, 대학교의 전공 음악 교육 등 여러 단체의 에어로폰 교육과 연주 활동에 조금이나마 도움이 되어 한국의 에어로폰 음악 발전에 기여하기를 기대합니다.

제임스 정

1. '제임스정의 에어로폰아 놀자①, ②'는 현재 연주자들이 가장 많이 사용하고 있는 Roland 사의 Aerophone AE-20, AE-30 기종을 바탕으로 편집된 교본입니다.
에어로폰의 메커니즘 관련 내용은 Roland사와 (주)코스모스악기가 제공한 AE-20, AE-30 설명서를 참고하였습니다.

2. 음악 대학, 대학원, 음악 학원, 평생교육원, 문화센터, 복지시설, 동호회 등의 기본 교육에 꼭 필요한 '에어로폰의 교과서'입니다.

3. 음악 교과서의 재미있고 신나는 곡부터 K-POP, 트로트까지 많은 사람이 즐겨 부르는 곡, 유튜브에서 가장 많이 연주되는 곡들을 선정하여 누구나 재미있게 에어로폰을 즐길 수 있습니다.

4. 에어로폰 연주곡들을 QR 반주 코드에 맞춰 연습할 수 있습니다.

QR코드 사용법

스마트폰에서 QR코드 스캔 앱 다운 ➡ 프로그램 실행 ➡ 스마트폰을 가까이 대고 원하는 연주 동영상의 QR 코드 스캔 ➡ 유튜브 반주 동영상 재생

5. 각 차트마다 체계적인 음악이론과 연주 팁을 제시하여 수준 높은 음악을 표현하는 데 도움을 줍니다.

6. 각 차트마다 다 함께 즐길 수 있는 에어로폰 앙상블 악보들을 수록하여 에어로폰 앙상블의 아름다움을 느끼게 해줍니다.

제임스 정의

에어로폰아 놀자 ❷ Contents

Play 1 에어로폰 이야기

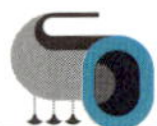

에어로폰(Aerophone)

에어로폰은 관 안에 공기를 입으로 불어서 진동시켜 나는 소리를 여러 가지 악기의 전자 음색으로 변환하여 연주하는 전자 관악기 (Electric Wind Instrument)이며 윈드 컨트롤러(Wind Controller), 윈드 신시사이저(Wind Synthesiser), 전자 색소폰 등으로도 불립니다.

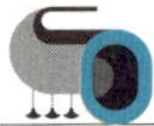

에어로폰의 종류

에어로폰은 제조회사나 구조, 기능에 따라 여러 가지가 있으며 Roland의 AE 시리즈, AKAI의 EWI 시리즈, YAMAHA의 YDS 시리즈 등을 가장 많이 사용하고 있습니다.

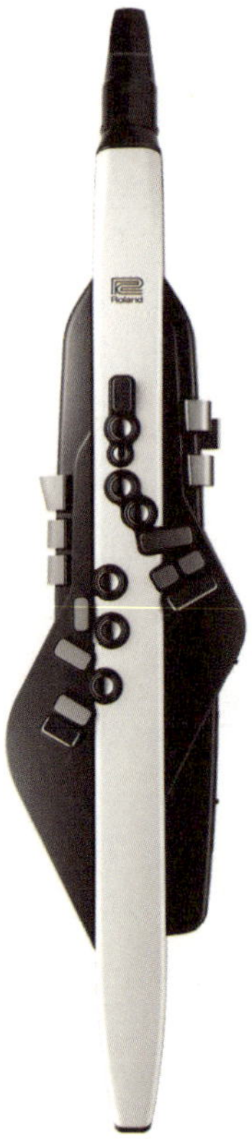

AE

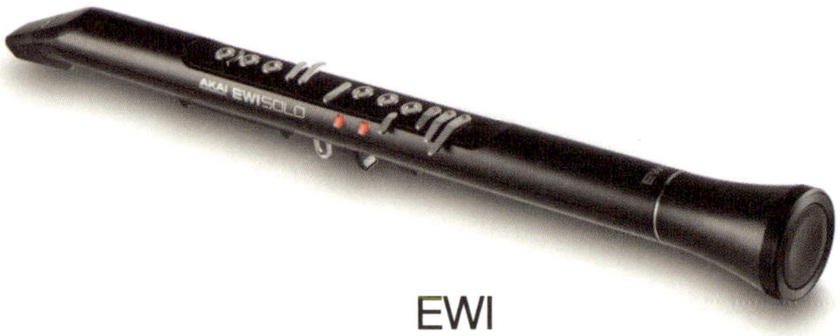

EWI

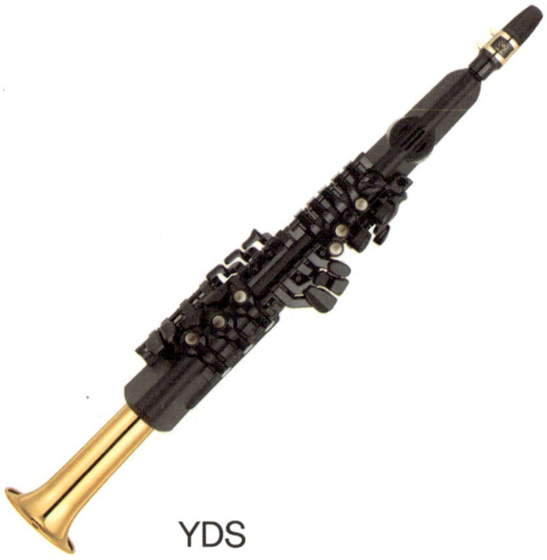

YDS

에어로폰은 1970년대에 컴퓨톤(Computone)이라는 회사의 빌 버나디(Bill Bernardi)와 로저 노블(Roger Noble)이 전자 관악기를 연구하여 목관악기 형태의 리리콘(Lyricon)을 선보였고, 1970년대에 나일 스타이너(Nyle Steiner)가 금관악기 형태의 스타이너호른(Steinerhorn)을 만들었습니다. 스타이너는 이후 스타이너폰(Steinerphone)이라는 목관악기 형태의 전자악기도 발명하였습니다.

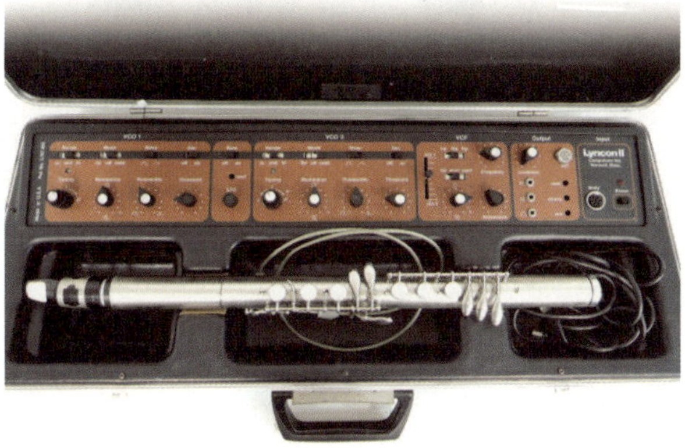

Lyricon

NuRAD

이후 YAMAHA가 당시 리리콘(Lyricon) 연주자이던 샐 갈리나(Sal Galina)에게 컨설팅을 받아 1987년대에 WX7 에어로폰을 제작했고, AKAI는 스타이너와 함께 스타이너호른(Electric Valve Instrument), 스타이너폰(Electric Wind Instrument) 등을 만들어 EWI 1000 등의 모델을 출시하면서 에어로폰의 시대가 열렸습니다.
ROLAND는 처음에 아코디언 형태에 음원을 내장한 에어로폰을 선보였고 그 후 전자 색소폰 AE 시리즈(AE-01, AE-05, AE-10, AE-20, AE-30 등)를 출시하여 에어로폰의 대중화에 기여를 하고 있습니다.

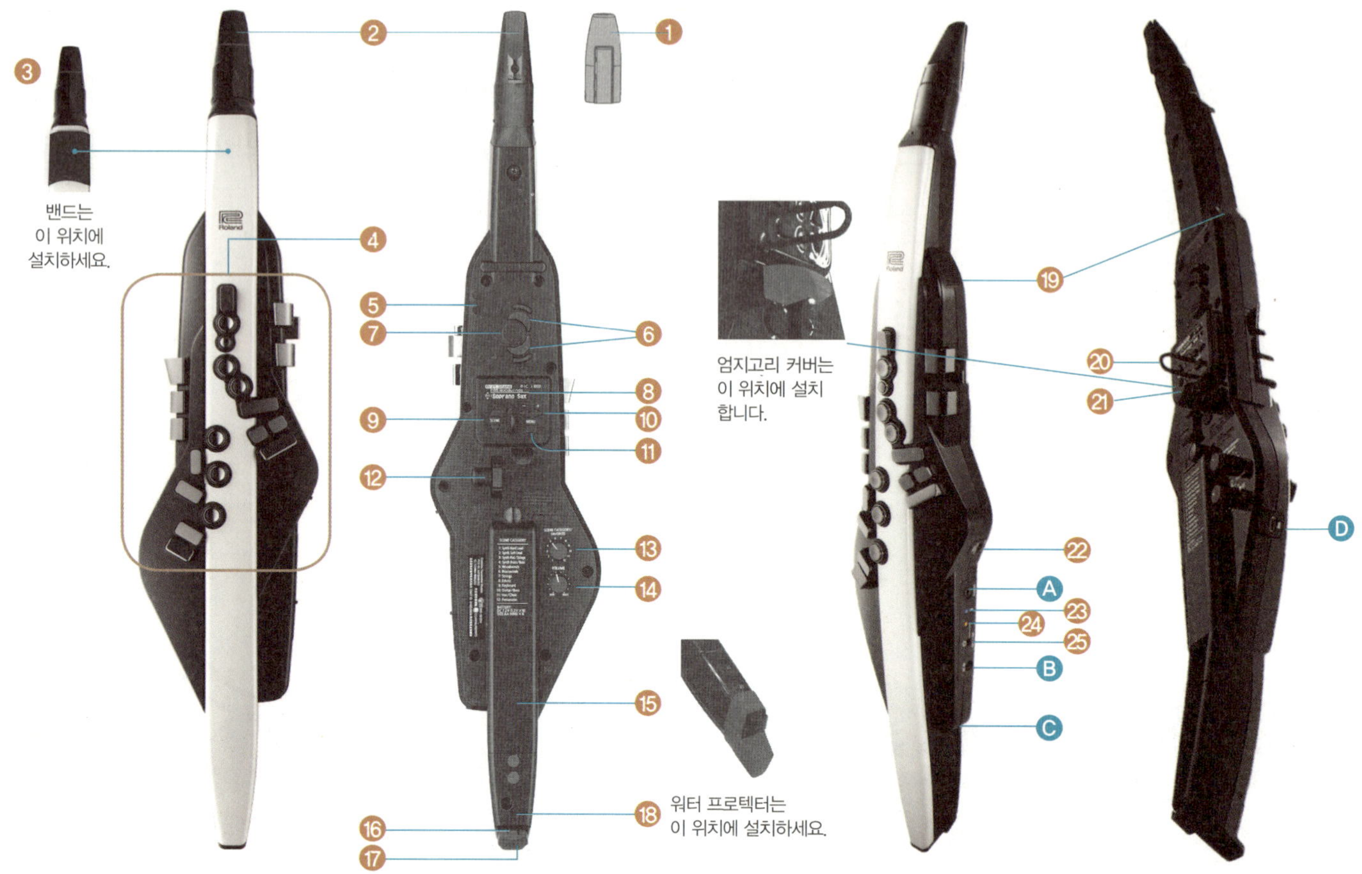

❶ 마우스피스 캡

마우스피스를 보호합니다. 연주하지 않을 때는 마우스피스 캡을 끼우십시오.
딸깍 소리가 날 때까지 밀어 넣습니다.

• 마우스피스 캡을 탈착할 때는 마우스피스의 리드 부분에 주의하십시오.

❷ 마우스피스

마우스피스와 리드가 일체형인 에어로폰 전용의 마우스피스입니다.

• 마우스피스를 부착할 때 가동부와 본체 사이에 손가락이 끼지 않도록 주의하십시오.

❸ 밴드

연주 중 침이 AE–20 위로 흘러 버튼이나 스위치, 연주 키 주변에서 내부로
들어가는 것을 방지합니다.

❹ 연주 키

연주용 키입니다. 색소폰과 같은 운지로 연주할 수 있습니다.
사이드 키와 같은 일부 키는 다양한 기능과 파라미터를 할당할 수 있습
니다.

❺ [S1] / [S2] 버튼

다양한 기능과 파라미터를 할당할 수 있습니다.

❻ 옥타브 키

이 버튼은 옥타브를 전환합니다. ±2 ,±3 옥타브 또는 색소폰 호환 모드로
설정할 수 있습니다. 왼손 엄지손가락으로 조작합니다.

❼ 엄지손가락 받침대

왼손 엄지손가락을 여기에 놓으세요.

❽ 디스플레이

신 (Scene:음색) 이름과 다양한 파라미터를 표시합니다.

• 본 기기의 디스플레이는 작동을 중지한 후 시간이 지나면 자동으로 꺼집니다.

❾ [SCENE] (▲/▼) 버튼

신 (음색)을 선택합니다.

⑩ [−] [+] (◀/▶) 버튼

메뉴 항목을 선택하거나 설정 값을 변경합니다.

⑪ 〔MENU〕 버튼

시스템, 신, 할당, MIDI 컨트롤을 상세하게 설정합니다. 또한 〔MENU〕 버튼을 길게 누르면 유저 신 / 페이버릿 신 등록 화면이 표시됩니다.

⑫ 엄지 레버

피치 (음높이)를 업 / 다운합니다. 또한 다양한 기능과 파라미터를 할당할 수 있습니다. 오른손 엄지손가락으로 조작합니다.

⑬ 〔SCENE CATEGORY〕 노브

조작	설명
돌리기	프리셋 신 카테고리를 토글합니다
〔SCENE〕(▼) 버튼을 누르면서 돌리기	유저 신의 뱅크를 전환합니다
〔SCENE〕(▲) 버튼을 누르면서 돌리기	페이버릿 신을 전환합니다

⑭ 〔VOLUME〕 노브

OUTPUT 단자, PHONES 단자에서 출력되는 음량을 조절합니다.

⑮ 배터리 박스

AE−20을 전지로 사용할 때는 니켈 수소 전지 (AA)를 6개 넣어 주십시오.
배터리 박스의 뚜껑은 나사를 돌려 열고 닫습니다.
연주할 때는 배터리 박스의 뚜껑을 나사로 단단히 조여 주십시오.

⑯ 코드 걸이

코드를 AE−20에 연결하여 사용할 때는 코드 걸이에 고정하십시오.
실수로 코드가 빠지거나 단자에 무리한 힘이 가해지는 것을 방지합니다.

⑰ 워터 드레인

물방울 배출구입니다.

⑱ 워터 프로텍터

워터 드레인에서 나온 물방울을 받는 커버입니다. 물방울이 바닥에 흐르는 것을 방지합니다.
사용 후에는 덮개를 벗고 고인 물을 버리십시오.
※ 워터 프로텍터의 둥근 볼록한 부분을 AE−20 하단의 오목한 부분에 맞추어 끼웁니다.

⑲ 내장 스피커

AE−20의 좌우에 하나씩 배치되어 있습니다. 연주자가 모니터로 소리를 들을 수 있습니다.

⑳ 스트랩 링

제공된 넥 스트랩을 장착합니다.

㉑ 엄지 고리

고리 아래에 오른손 엄지손가락을 받칩니다. 제공된 엄지 고리 커버중 원하는 것을 설치합니다.

㉒ 〔MIDI CONTROL〕 스위치

MIDI 컨트롤 모드를 켜고 끕니다.
MIDI 컨트롤러로 사용할 때 이 스위치를 켭니다.

㉓ Bluetooth LED(파란색)

LED 표시로 Bluetooth 기능의 ON/OFF를 확인할 수 있습니다.

상태	설명
점등	Bluetooth 기능 켜짐
깜박임	Bluetooth 오디오 페어링 연결 대기
꺼짐	Bluetooth 기능 꺼짐

• 「스마트폰과 함께 사용하기」(p.22)

㉔ 전원LED(오렌지)

LED 표시로 전원 ON/OFF 및 배터리 잔량을 확인할 수 있습니다.

상태	설명
점등	전원 켜기
깜박임	배터리 잔량 적음
꺼짐	전원 꺼짐

㉕ 〔전원〕 스위치

AE−20의 전원을 켜고 끕니다.

연결 단자

다른 기기와 연결할 때는 오작동이나 고장을 방지하기 위해 모든 기기의 음량을 줄이고 모든 기기의 전원을 끄십시오.

Ⓐ PHONES 단자 (스테레오 · 미니)

헤드폰을 연결합니다.

Ⓑ DC IN 단자

제공된 AC 어댑터를 연결합니다.

Ⓒ OUTPUT 단자 (표준 스테레오)

오디오 신호의 출력 단자입니다. 앰프 내장 스피커 등과 연결합니다.

Ⓓ USB 단자 (USB Type−C)

AE−20과 PC를 제공된 USB 케이블 (USB Type−C~Type A)로 연결해, MIDI 나 오디오의 송수신 할 수 있습니다. 또한 USB 메모리를 연결하여 새로운 시스템 프로그램이 공개된 경우 AE−20을 업데이트할 수도 있습니다.

※ AE20은 USB 전원으로 구동하지 않습니다. USB 단자에 전원을 연결하지 마십시오.

※ 충전 전용 USB 케이블은 사용하지 마십시오. 데이터 통신이 불가능합니다.

※ 화면에 "Writing…" 표시되는 동안에는 절대로 전원을 끄거나 USB 메모리를 뽑지 마십시오.

연주 자세

에어로폰은 마우스피스, 넥 스트랩, 엄지 고리(오른손)의 세 부분으로 지지하는데 먼저 엄지 고리 커버를 끼우고 오른손 엄지손가락을 엄지 고리에, 다른 손가락은 아래 연주 키에 놓습니다. 왼손 엄지손가락은 왼손 엄지 받침대에, 다른 손가락은 위 연주 키에 놓은 후 넥 스트랩을 보디 중앙에 있는 넥 스트랩 링에 연결하여 목에 걸고 넥 스트랩의 길이를 조절합니다.

오른손 엄지손가락

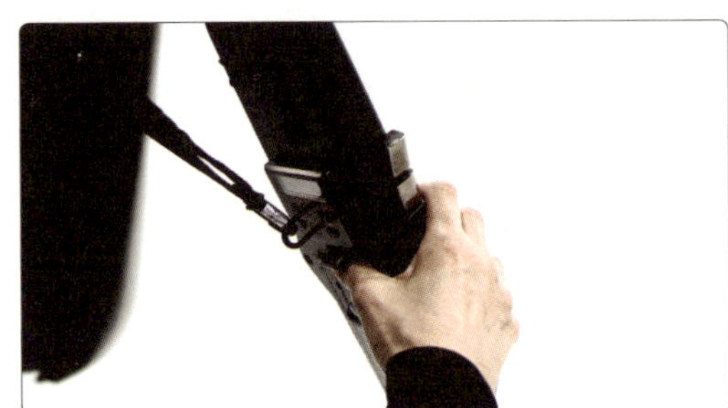

오른손

왼손 엄지손가락

왼손

넥 스트랩

나는 에어로폰 고수다 1

넥 스트랩의 길이를 조절하라.
넥 스트랩이 너무 느슨하면 오른손 엄지손가락에, 너무 꽉 조이면 목에 무리가 가서 장시간 연주를 할 수 없을뿐더러 관절염 증상까지 보이기도 합니다.

서서 연주하는 자세

(1) 스트랩을 목에 걸고 등을 곧게 폅니다.
(2) 몸의 무게중심을 양쪽 발에 균등하게 합니다.
(3) 어깨에 힘을 빼고 시선은 정면을 바라봅니다.
(4) 팔꿈치와 손가락의 힘을 뺍니다.
(5) 악기를 40도 정도의 각도로 자연스럽게 잡습니다.

 앉아서 연주하는 자세

(1) 의자에 등을 대지 말고 허리를 폅니다.
(2) 두 다리는 어깨너비로 벌려 바닥에 댑니다.
(3) 어깨에 힘을 빼고 시선은 정면을 바라봅니다.
(4) 팔꿈치와 손가락의 힘을 뺍니다.
(5) 악기를 40도 정도의 각도로 자연스럽게 잡습니다.

 # 입술 모양(Embouchure)

관악기를 불 때의 입술모양을 '앙부쉬르'라고 합니다. 에어로폰의 앙부쉬르는 입을 편하게 다문
상태에서 입술의 힘을 빼고 미소를 지을 때처럼 입술을 양쪽으로 약간 당깁니다.

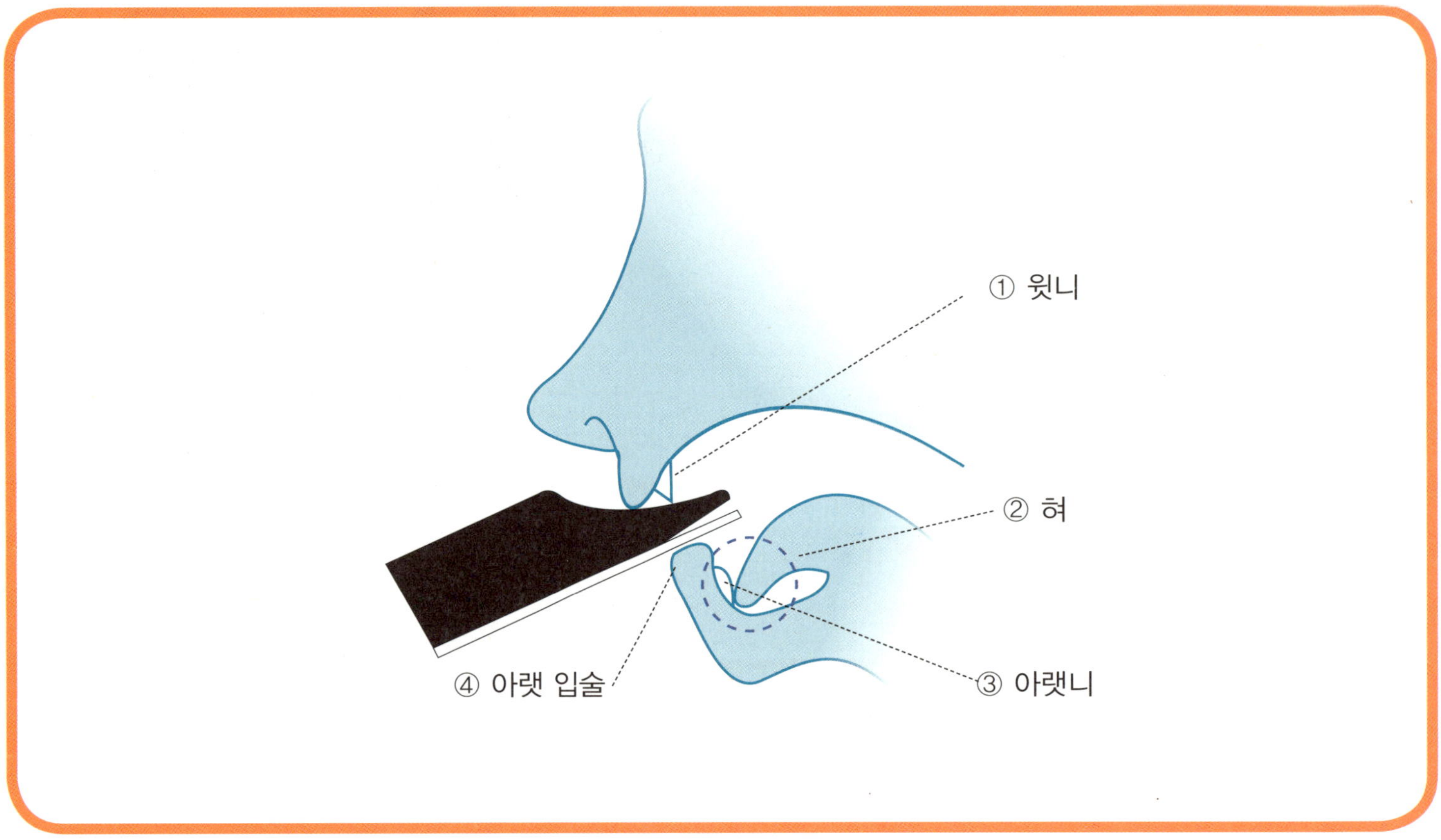

① 윗니로 마우스피스 끝부분(1~1.5cm)을 뭅니다.
② 아랫입술로 아랫니를 감싸듯이 마우스피스를 뭅니다.
③ 혀끝을 리드에 대고 숨을 들이 마쉽니다.
④ 입술을 양쪽으로 약간 당기면서 '투–'하고 길게 숨을 불어 넣습니다.
　 이때 공기가 마우스피스 밖으로 빠져나가지 않도록 합니다.

나는 에어로폰 고수다 2

마우스피스를 너무 세게 물지 마라.

마우스피스는 부는 속도, 무는 강도, 텅잉으로 컨트롤러 역할을 합니다. 마우스피스를 너무 세게 물거나 깊게 물어서 아랫입술이
아프지 않도록 하고, 미소를 짓는 것처럼 입술을 양쪽으로 약간 당기고 턱은 아래로 펴지도록 합니다.

 ## 텅잉(Tonguing)

텅잉은 맑고 깨끗한 소리를 내는 관악기의 기본 연주 기술입니다. 윗니로 마우스피스 끝 부분(1~1.5cm)을 문 다음 아랫입술로 아랫니를 감싸듯이 마우스피스를 뭅니다. 입술을 양쪽으로 약간 당기면서 '투–'하고 텅잉을 합니다.

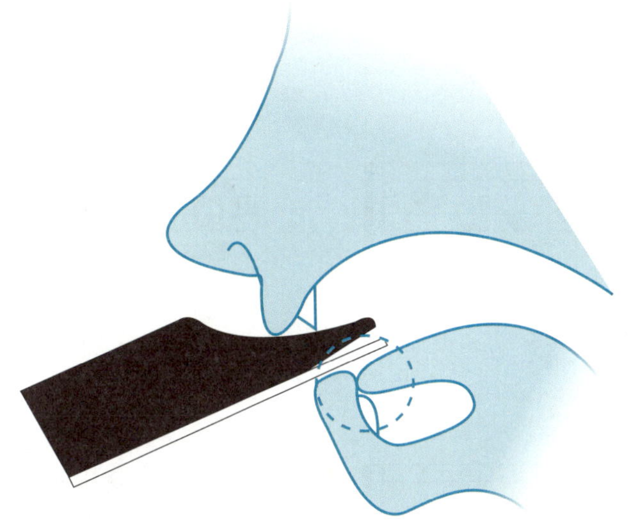

 ## 텅잉하기

거울을 보고 예쁜 입술 모양을 만든 후에 마우스피스를 가볍게 물고 선생님이 먼저 '투투투투'하고 불면 학생들은 주의 깊게 들으며 '투투투투'하고 텅잉을 합니다. 이때 음과 음 사이가 끊어지지 않도록 길게 내쉽니다.

선생님	투	투	투	투
학 생	투	투	투	투

리드에 혀를 댔다 뗀다는 느낌으로 텅잉을 하라.

텅잉은 관악기의 아티큘레이션을 잘 표현할 수 있는, 가장 기본적인 주법입니다. 텅잉을 하면서 음과 음 사이에 음이 끊어지지 않도록 호흡이 계속되어야 합니다.

조표

조표는 첫머리의 음자리표와 박자표 사이에 표시를 하는데 각 조의 음계를 결정합니다. 조표
의 올림표(♯,샤프), 내림표(♭,플랫)는 정해진 위치에 자리를 하며 조표가 붙은 곡은 곡이 끝날
때까지 올림표(♯)는 반음을 올리고, 내림표(♭)는 반음을 내립니다.

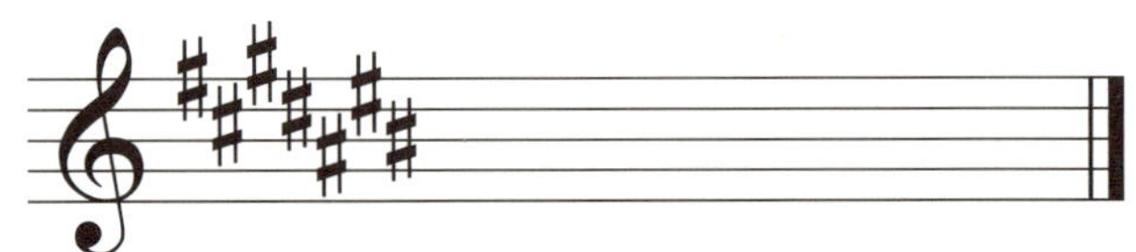

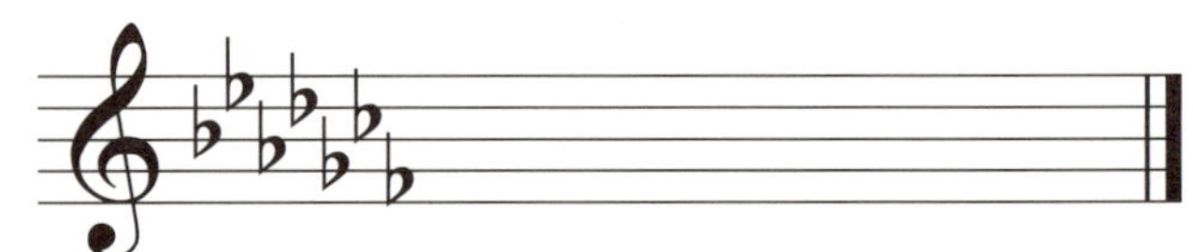

임시표

임시표는 음의 높이를 임시로 올리거나 내릴 때 사용합니다. 올림표(♯)는 반음 올리고, 내림표
(♭)는 반음 내립니다. 같은 마디안에서만 임시표가 적용됩니다.

반음을 올리거나(올림표, ♯) 반음을 내린 음(내림표, ♭)을 다시 원래의 음으로 되돌릴 때 사용하는 기호입니다.

음이름은 서로 다르지만 같은 소리가 나는 음을 말합니다.

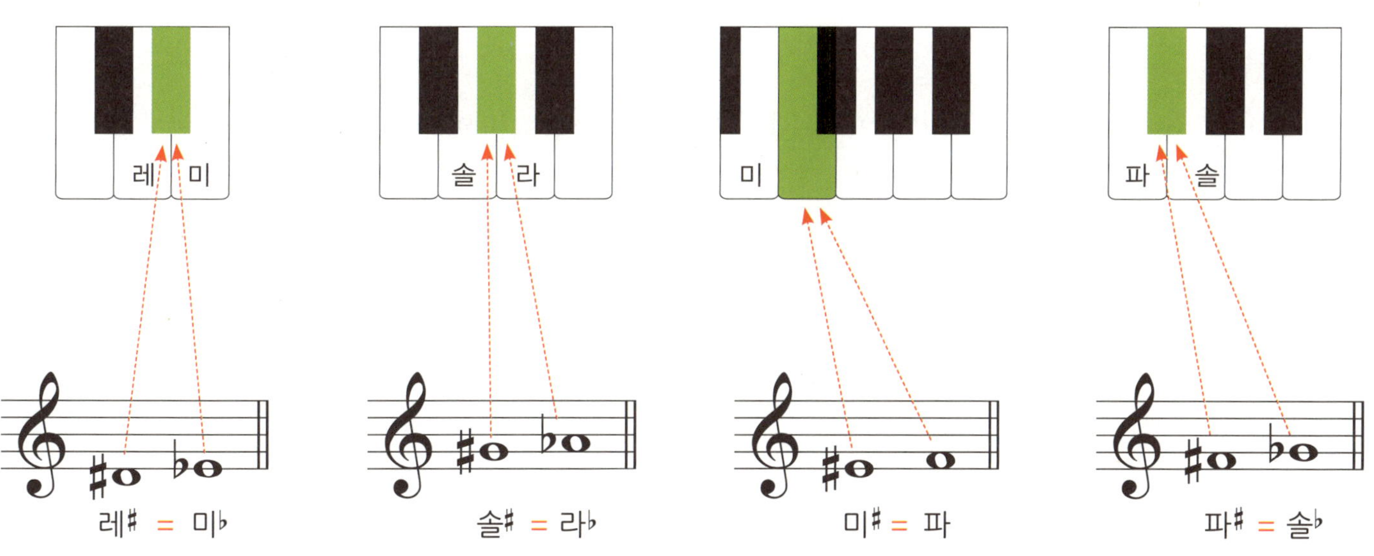

파♯(솔♭)

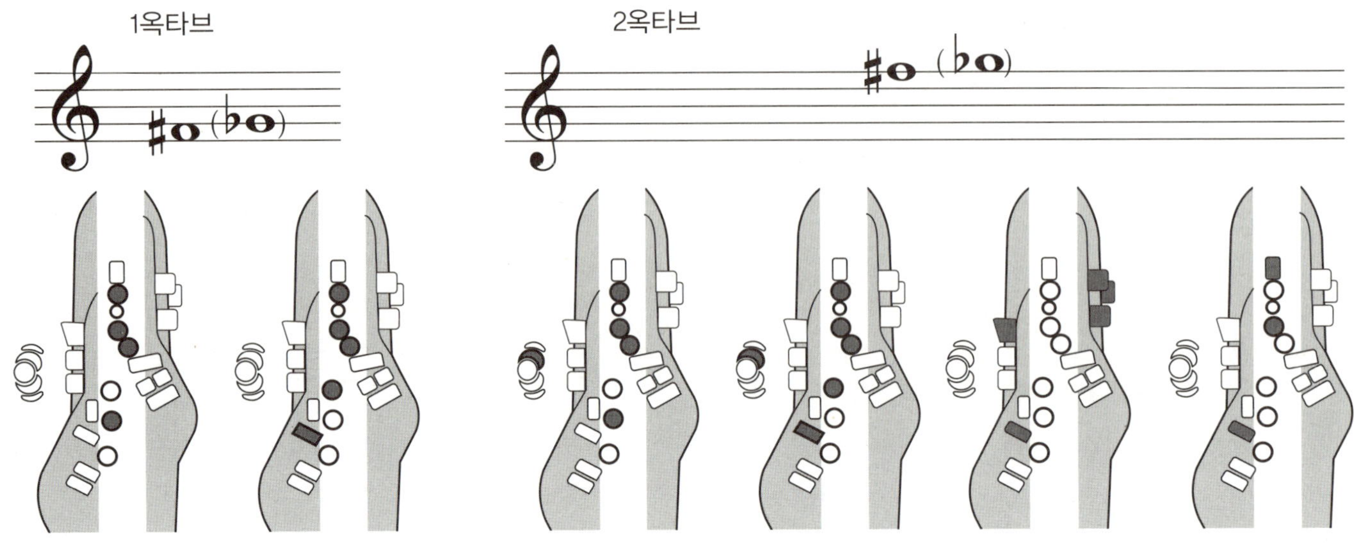

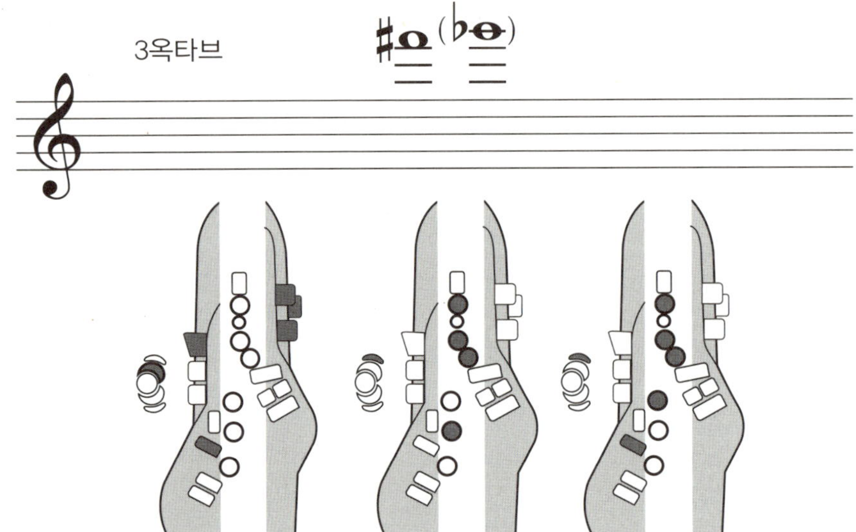

팬플루트(Panflute) **음색 찾기**

전원 **ON-[SCENE CATEGORY FAVORITE]8 –[Prest Scene]03(AE30/05)–Panflute**

 **주의 깊게 듣고 팬플루트 소리내기**

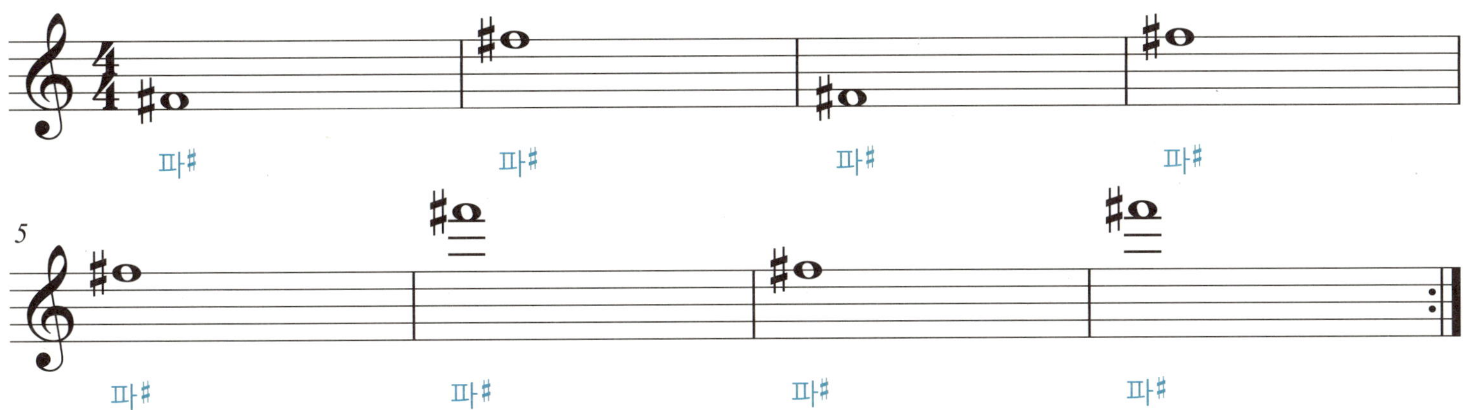
연습 1
파# 파# 파# 파#
파# 파# 파# 파#

연습 2
도 파# 레 파# 미 파# 파 파#
솔 파# 라 파# 시 파# 도

연습 3
도 파# 시 파# 라 파# 솔 파#
파 파# 미 파# 레 파# 도

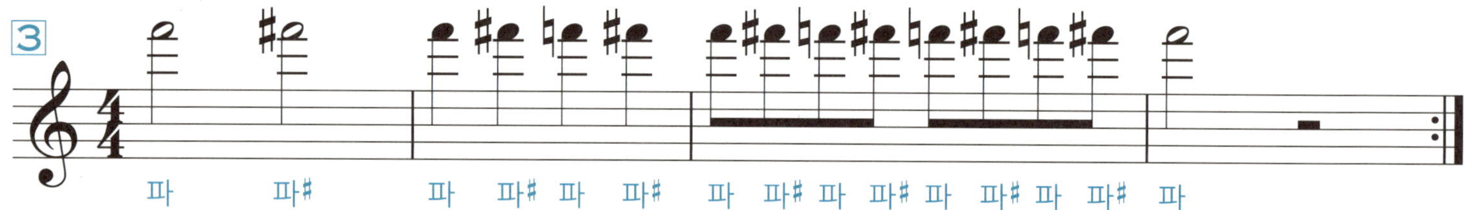

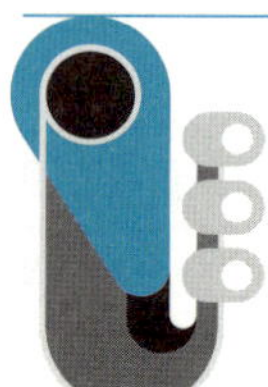 G장조 스케일(G Major Scale)

스케일은 한 옥타브 안의 음을 일정한 순서로 배열한 음계입니다. G장조 스케일은 솔(G)에서 시작하여 7음인 파에 #를 붙여 반음 올려주면 3-4, 7-8음 사이는 반음이 되고 나머지 음 사이는 온음이 됩니다.

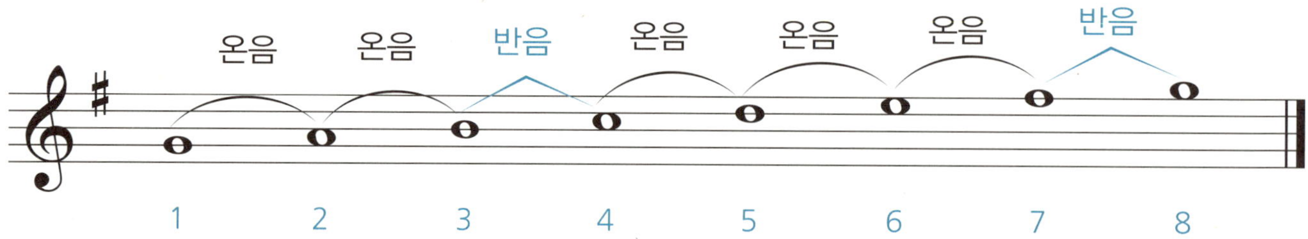

나는 에어로폰 고수다 4

자신에 맞는 연습 플랜을 세워라

음악은 자신의 감정을 에어로폰을 통해 표현하는 것입니다. 이를 위해서는 체계적이고 합리적인 연습 플랜을 세워야 합니다. 예를 들어 롱톤 10분, 스케일 10분, 아티큘레이션 10분, 에튀드 10분, 연주곡 카피 및 분석 10분, 연주곡 연습 30분, 반주에 맞춰 연습 30분 등.

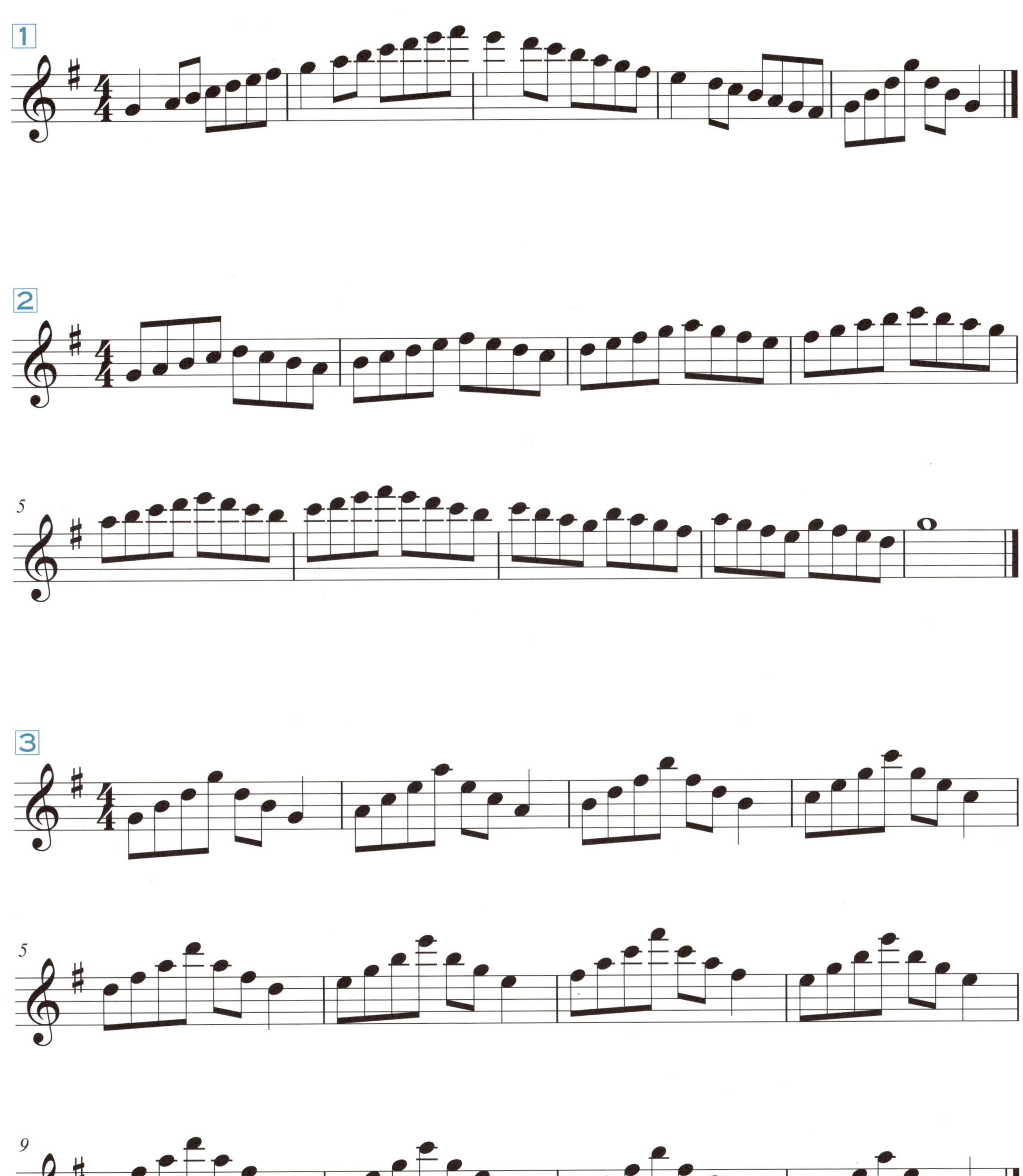

등대지기

느리게

영국 민요

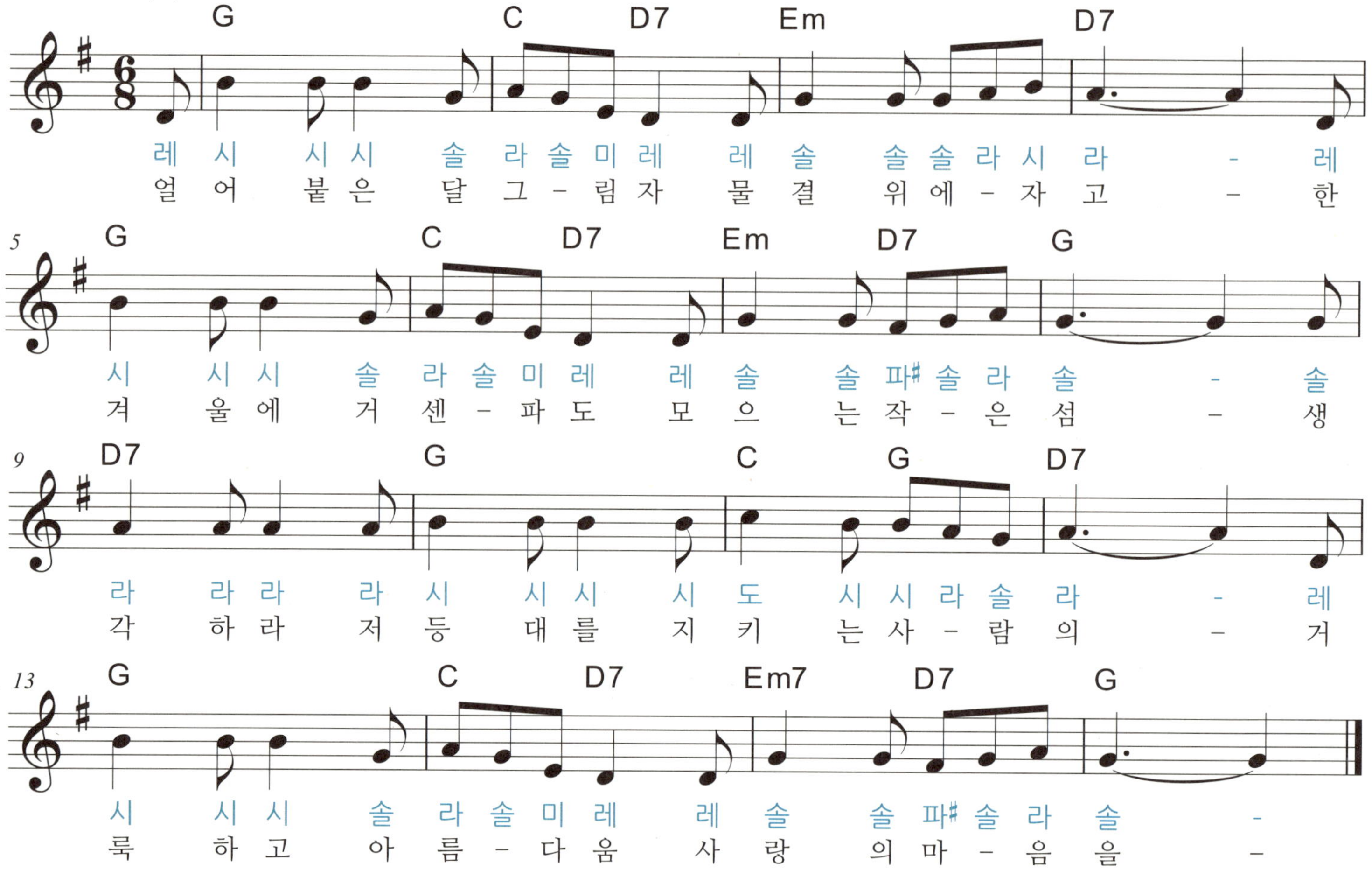

오 필승 코리아

빠르게

붉은악마 · 이근상 작사,작곡

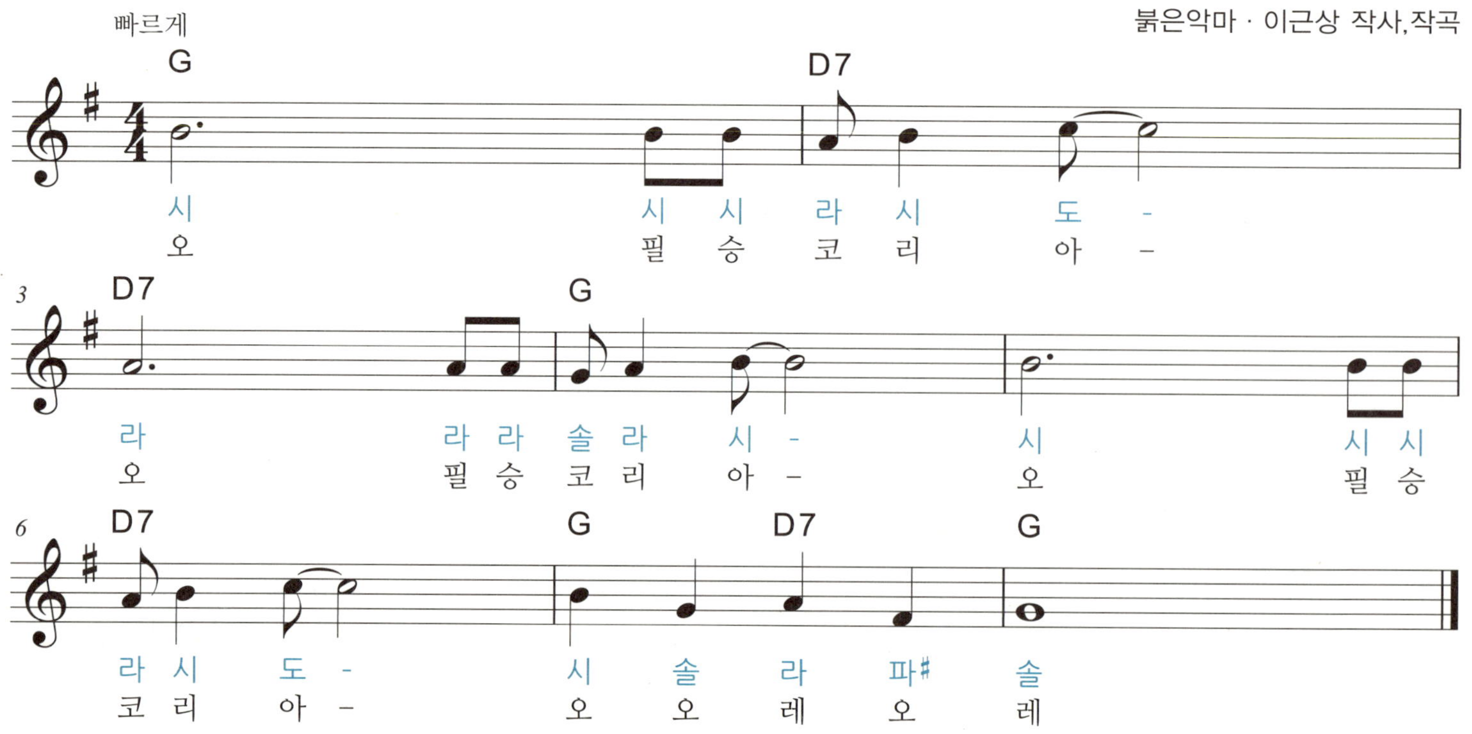

영국 민요

느리게
G   C   D7   Em   D7
레 시 시시 솔 라솔미레 레 솔 솔솔라시라 － 레
얼 어 붙은 달 그－림자 물 결 위에－자 고 －한

G   C   D7   Em   D7   G
시 시시 솔 라솔미레 레 솔 솔파#솔라 솔 － 솔
겨 울에 거센－파도 모 으 는작－은 섬 － 생

D7   G   C   G   D7
라 라라 라 시 시시 시 도 시시라솔라 － 레
각 하라 저 등 대를 지 키 는사－람의 － 거

G   C   D7   Em7   D7   G
시 시시 솔 라솔미레 레 솔 솔파#솔라 솔 －
룩 하고 아 름－다움 사 랑 의마－음을 －

붉은악마 · 이근상 작사,작곡

빠르게
G   D7
시   시 시 라 시 도 －
오   필 승 코 리 아 －

D7   G
라   라라솔라 시－   시   시시
오   필승코리 아－   오   필승

D7   G   D7   G
라 시 도－   시 솔 라 파# 솔
코 리 아－   오 오 레 오 레

선구자

윤해영 작사
조두남 작곡

보통 빠르게

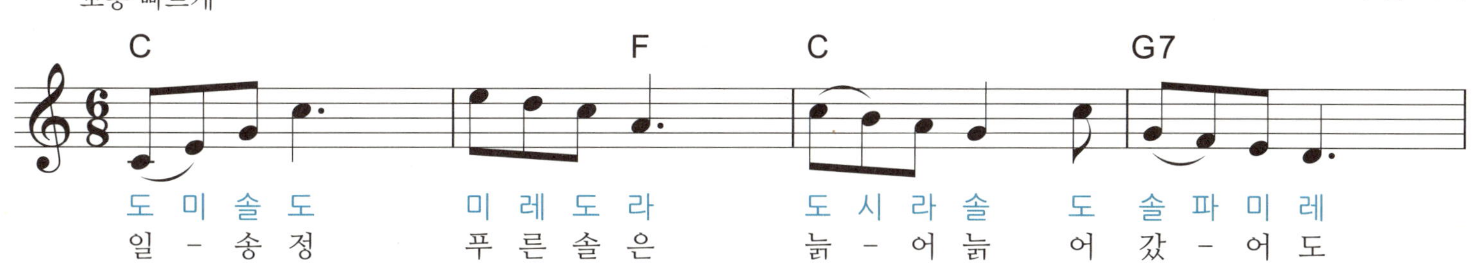

사계 중 '겨울'

A. 비발디 작곡

제주도의 푸른 밤

최성원 작사, 작곡

비브라토 (Vibrato)

비브라토란 어떤 음을 주기적으로 위 아래로 떨어서 세련되고 풍부한 느낌을 주는 주법을 말합니다. 비브라토는 자연스럽게 호흡으로 연주하는 방법과 아래턱(또는 아랫 입술)을 사용하는 방법이 있는데 여기에서는 호흡으로 연주하는 방법으로 자연스럽고 세련된 느낌이 나도록 다음과 같이 단계적으로 연습을 합니다.

(1) 먼저 적당한 음을 골라 전혀 떨림이 없이 길게 소리를 냅니다.

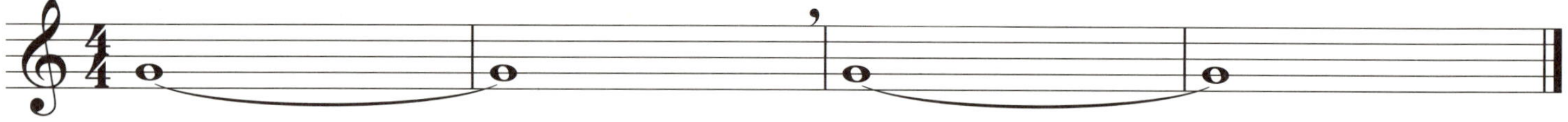

(2) 여리게부터 점점 세게까지 길게 배에 힘을 주며 떨림이 없이 길게 소리를 냅니다.

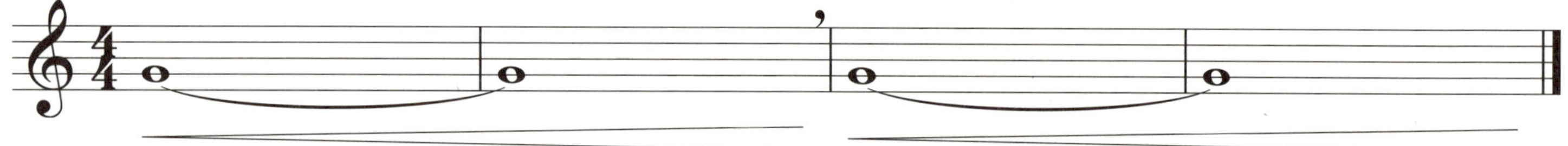

(3) 4분음표를 1박으로 하여 배에 힘을 주면서 규칙적으로 반복하면서 떱니다.

(4) 8분음표를 한 박으로 하여 배에 힘을 주면서 규칙적으로 반복하면서 소리를 떱니다.

(5) 16분음표를 한 박으로 하고 배에 힘을 주면서 규칙적으로 반복하면서 소리를 떱니다.

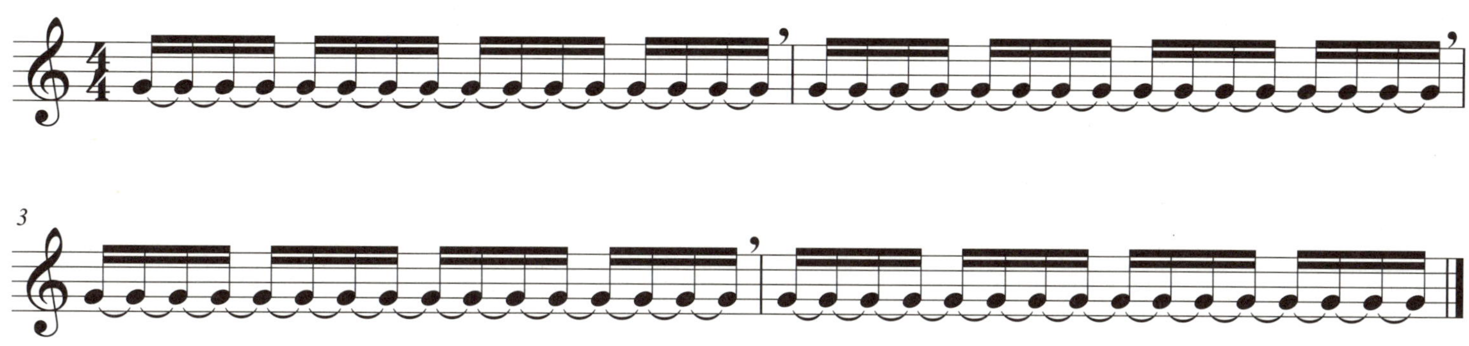

(6) 느리면서 여리게 시작했다가 점점 빠르면서 점점 세게 소리를 떱니다.

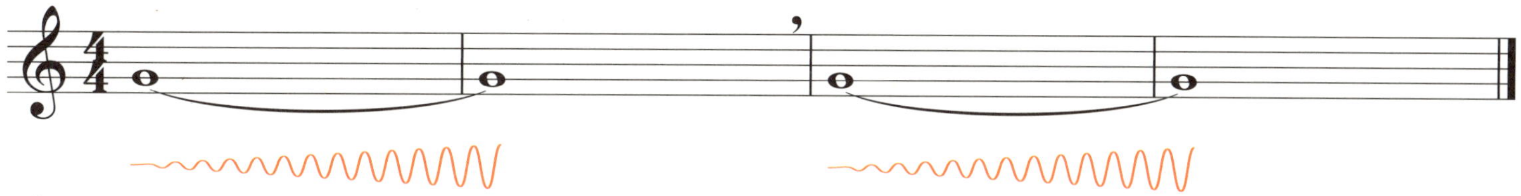

(7) 느리면서 여리게 시작했다가 점점 빠르면서 점점 세게, 그리고 다시 점점 느리면서 점점 여리게
   반복해서 소리를 떱니다

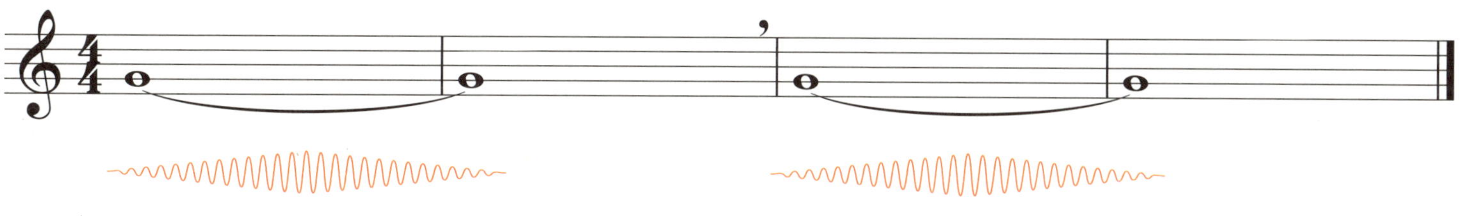

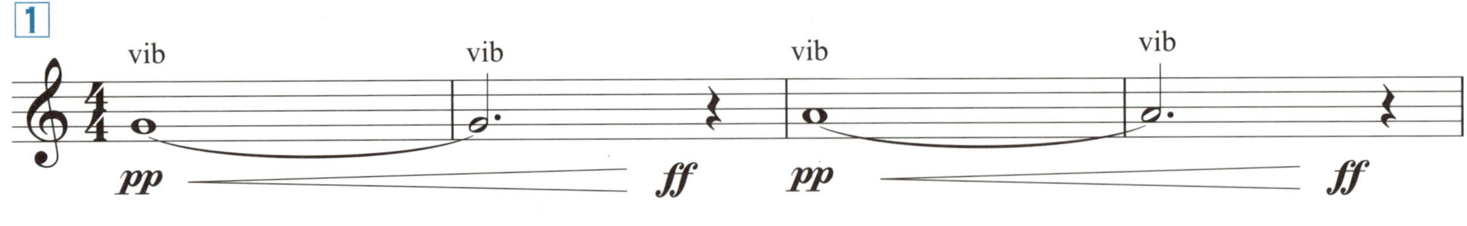

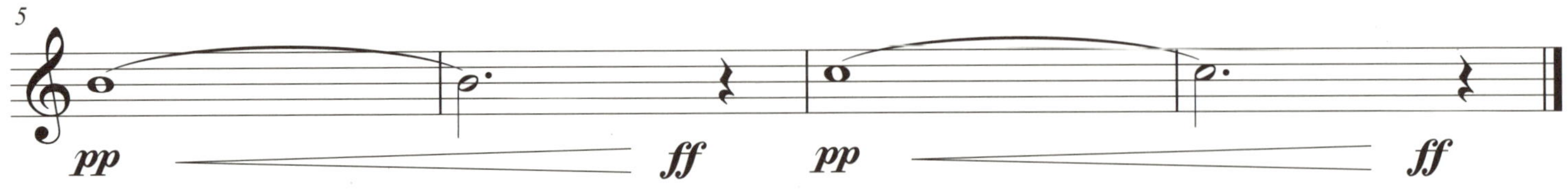

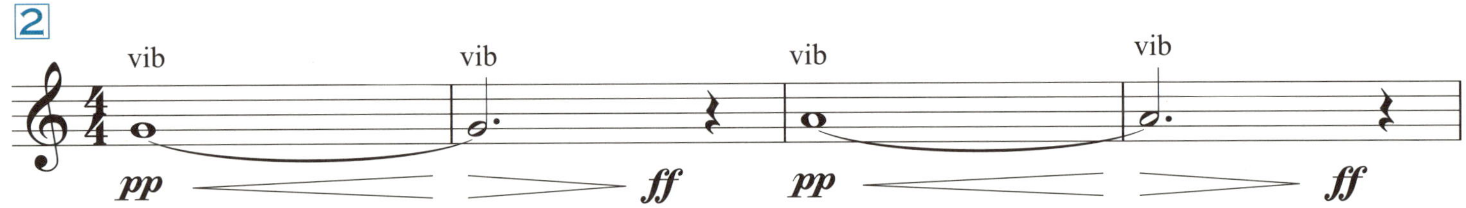

나는 에어로폰 고수다 5

연습은 실전처럼 혼자 거울을 보고 리허설을 하라.

어느 정도 곡이 완성되면 관객이 앞에 있다고 생각하고 리허설을 하라. 이때 거울을 보면서 연주 자세를 교정하거나 표정을 관리합니다.

님이 오시는지

박문호 작사
김규환 작곡

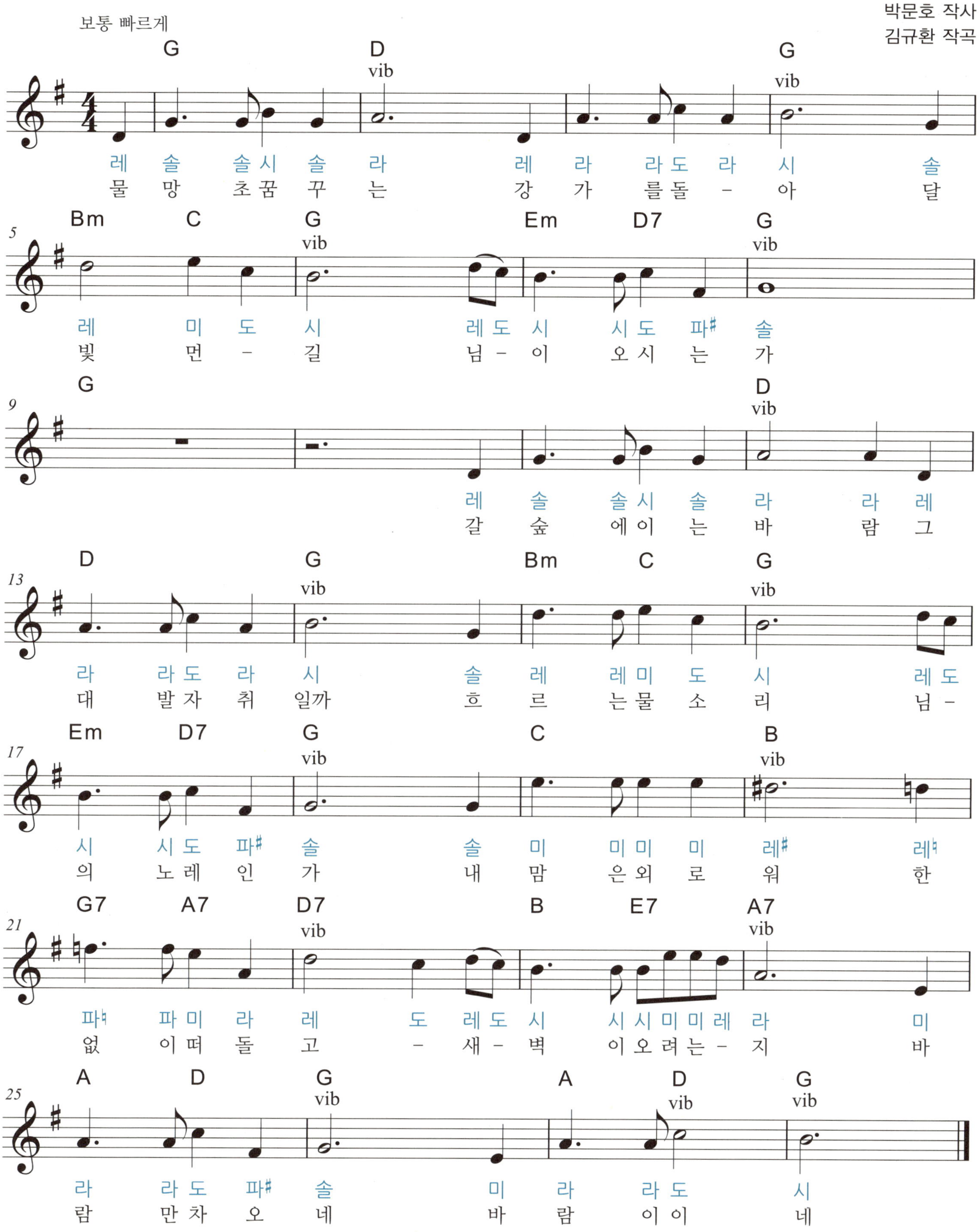

보통 빠르게

| G | | D | | G | |

레 솔 솔시 솔 라 │ 레 라 라도라 시 │ 솔
물 망 초꿈 꾸 는 │ 강 가 를돌 - 아 │ 달

| Bm | C | G | Em | D7 | G |

레 미 도 시 │ 레도 시 시도 파♯ 솔
빛 먼 - 길 │ 님 - 이 오시 는 가

| G | | | D | |

레 솔 솔시 솔 │ 라 라 레
갈 숲 에이 는 │ 바 람 그

| D | G | Bm | C | G |

라 라도라 시 │ 솔 레 레미 도 시 │ 레도
대 발자취 일까 │ 흐 르 는물 소 리 │ 님 -

| Em | D7 | G | C | B |

시 시도 파♯ 솔 │ 솔 미 미미 미 레♯ │ 레♮
의 노레 인 가 │ 내 맘 은외 로 워 │ 한

| G7 | A7 | D7 | B | E7 | A7 |

파♮ 파미 라 레 │ 도 레도 시 시시미미레 라 │ 미
없 이떠 돌 고 │ - 새 - 벽 이오려는 - 지 │ 바

| A | D | G | A | D | G |

라 라도 파♯ 솔 │ 미 라 라도 │ 시
람 만차 오 네 │ 바 람 이이 │ 네

Part 1

홀로 아리랑

한돌 작사, 작곡

조금 빠르게

홀로 아리랑

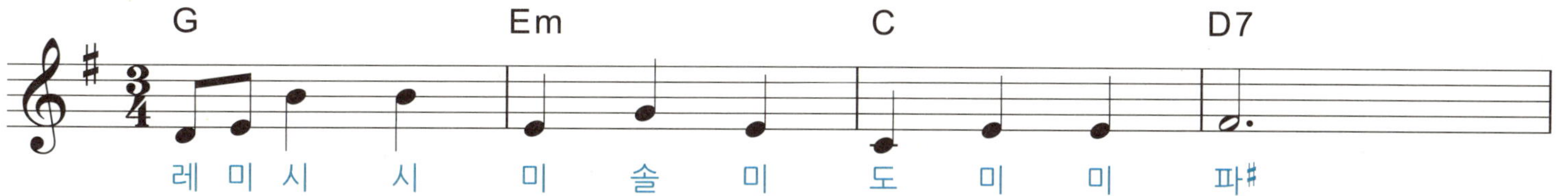

나는 에어로폰 고수다 6

에어로폰 앙상블 팀을 만들어라.

에어로폰의 가장 큰 장점은 200여개가 넘는 음색을 가지고 있다는 데 있습니다. 2중주. 4중주팀을 만들어 현악중주. 관악중주. 타악중주 앙상블의 묘미를 느끼고 오케스트라에 입단하여 다양한 음악적인 경험을 쌓습니다.

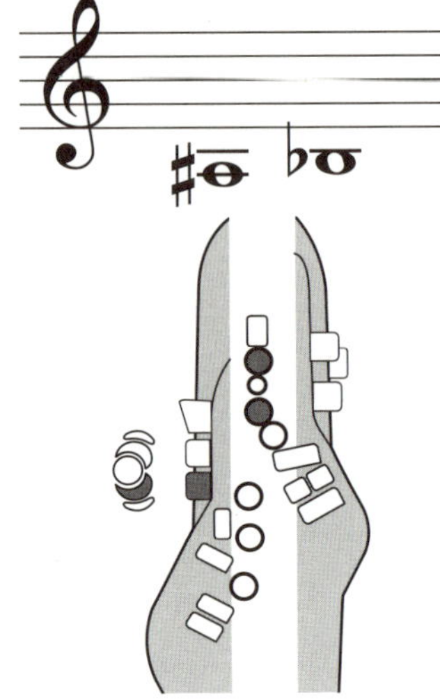

시♭(라♯)

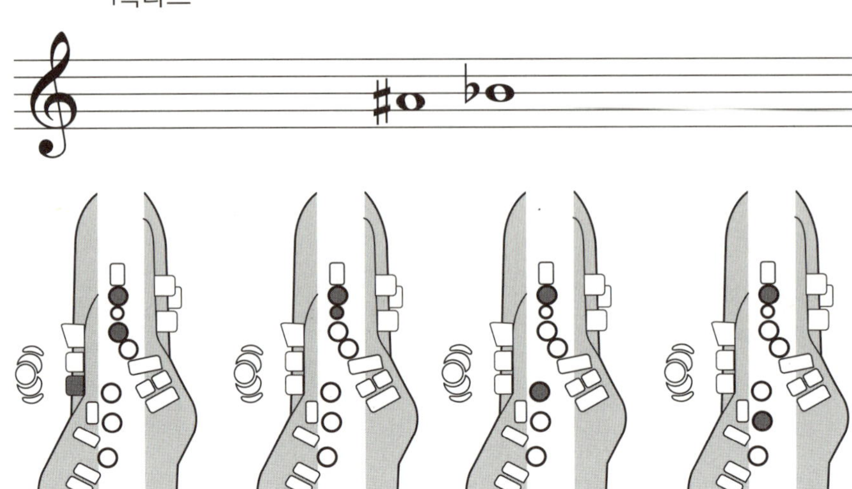

백파이프(Bagpipe) 음색 찾기

전원 ON-[SCENE CATEGORY FAVORITE]8 –[Prest Scene]10(AE30/12)–Bagpipe

🎵 주의 깊게 듣고 백파이프 소리내기

연습 5

시♭   시♭   시♭   시♭

시♭   시♭   시♭   시♭

연습 6

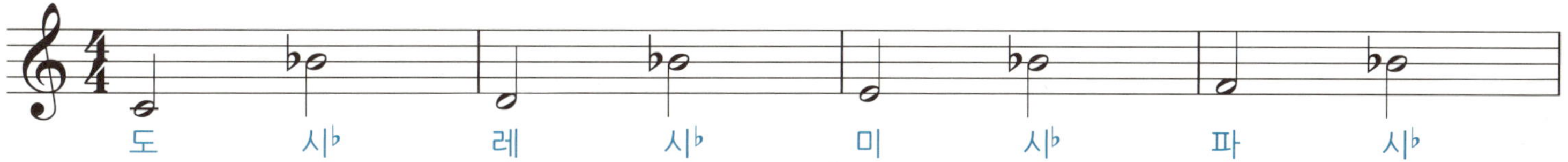
도   시♭   레   시♭   미   시♭   파   시♭

솔   시♭   라   시♭   시   시♭   도   시♭

연습 7

도   시♭   시   시♭   라   시♭   솔   시♭

파   시♭   미   시♭   레   시♭   도

F장조 스케일(F Major Scale)

스케일은 한 옥타브 안의 음을 일정한 순서로 배열한 음계입니다. F장조 스케일은 파(F)에서 시작하여 4음인 시에 ♭을 붙여 반음을 내려주면 3-4, 7-8음 사이는 반음이 되고 나머지 음 사이는 온음이 됩니다.

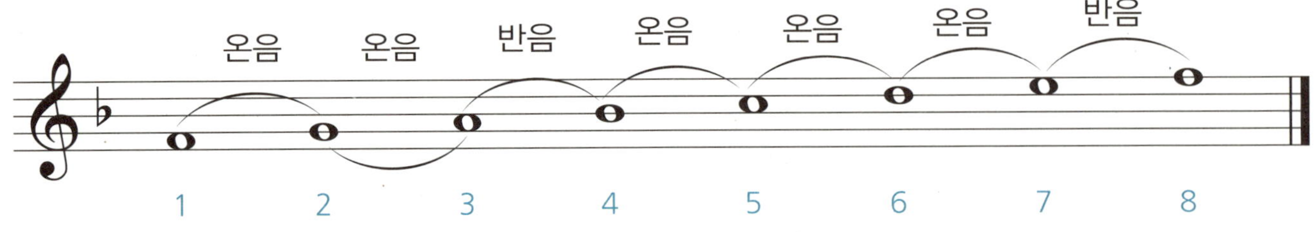

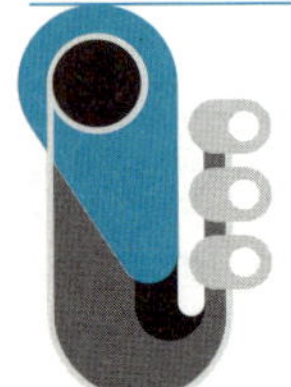

나는 에어로폰 고수다 7

손가락의 힘을 무조건 빼라.

모든 핑거링 악기는 손가락의 힘을 빼야합니다. 손가락에 힘을 너무 세게 주고 오랫동안 연습을 하면 관절염을 유발할 수 있습니다. 속주를 하고 싶으면 손가락에 불필요한 힘을 빼고 매일 스케일 연습을 꾸준히 하며 템포를 메트로놈 앱에 맞춰 단계적으로 조금씩 빠르게 합니다.

섬집 아기

한인현 작사
이흥렬 작곡

위풍당당 행진곡

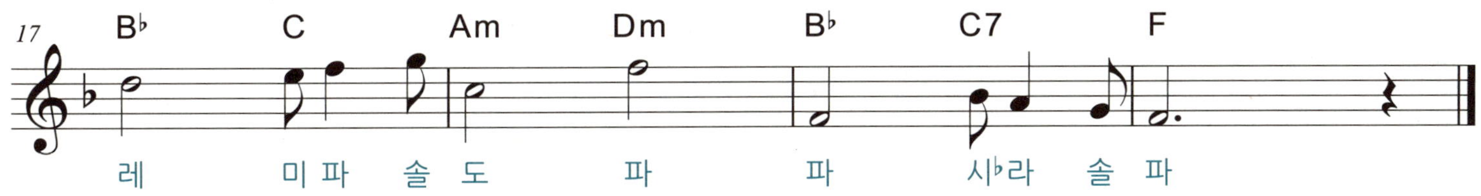

E. 엘가 작곡

조금 빠르게
F C B♭ F B♭ F Gm C
파 미파솔 레 도 시♭ 라 시♭도 솔

F G Em Am Dm G7 C
라 시 도 레 솔 도 파 파 미 레 도

F C B♭ F B♭ F Gm C
파 미파솔 레 도 시♭ 라 시♭도 솔

F G Em Am B♭ F
라 시 도 레 솔 도 시♭ 시♭라 솔 라

B♭ C Am Dm B♭ C7 F
레 미파 솔 도 파 파 시♭라 솔 파

안동역에서

김병걸 작사
최강산 작곡

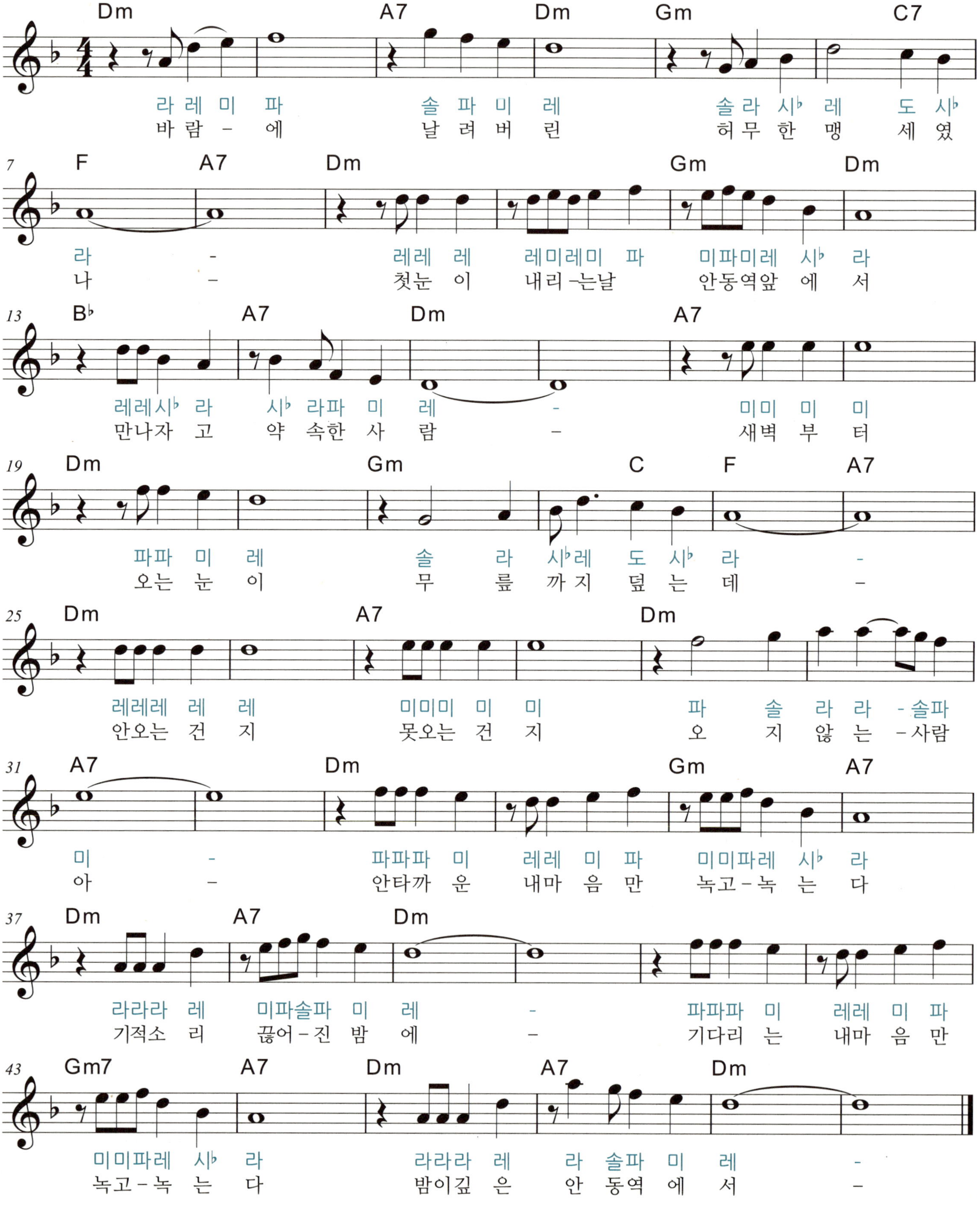

서른 즈음에

강승원 작사, 작곡

보통 빠르게

또 하루 멀어져간 다　내 뿜은 담배연기 처 럼

작기만－한내기억속 에　무얼채워살고있는 지　점 점 더 멀어져간

다　머 물러있는청 춘인줄 알았는 데　비 어가－는내가슴속 에　더

아 무것－도찾을수없 네　계 절 은다시돌－아 오 지만떠 나　간내사랑－은

어디에 내 가 떠나보낸것도 아 닌 데　내 가 떠나온것－도 아 닌데－　조

금 씩 멀어져간 다　머 물 러있－는사랑인줄 알았는 데 또 하루 멀어져간

다 매일 이별하 며살고－있구 나　매일 이별하 며살 고－있구 나

점 이별하 며살 고－있구 나　매일 이별하 며살고있구 나

D.S. al Coda

밴딩, 드롭, 스쿱

에어로폰은 색소폰처럼 아래턱(또는 아랫 입술)을 이용하여 음의 높이에 변화를 주어 매력적인
연주를 할 수 있습니다.

 **밴딩**(Bending) 

어떤 음을 연주한 후 음의 높이를 아래로 떨어뜨렸다가 다시 원래 음의 높이로 끌어 올리는
주법입니다. 정확한 음을 낸 후 입 모양을 '오우'라고 발음하듯이 아래턱을 사용하여 음의 변
화를 줍니다.

 **드롭**(Drop) 

원래 음의 높이에서 아래로 떨어뜨리는 주법입니다. 정확한 음을 낸 후 입 모양을 '오'라고
발음하듯이 아래턱을 내리면서 음의 높이를 떨어뜨립니다.

 **스쿱**(Scoop) 

음의 높이가 내려간 상태에서 다시 원래 음의 높이로 끌어 올리는 주법입니다. 아래턱을 내
린 상태에서 '오'하고 발음하여 음 높이를 내려서 소리를 낸 후 '우'하고 발음을 하며 아래턱
을 올리면서 정확한 음 높이로 끌어 올립니다

흔적

김순곤 작사
방기남 작곡

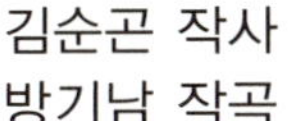

느리게

Part 1

바람이 불어오는 곳

김광석 작사, 작곡

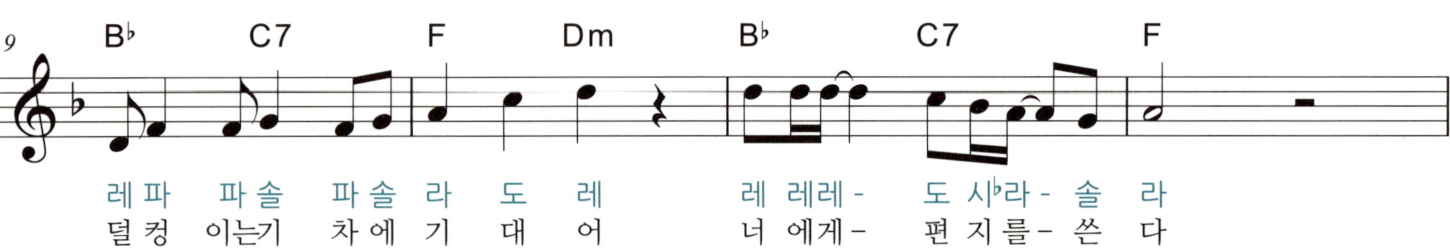

바람이 불어오는 곳

나는 에어로폰 고수다 8

표현력을 높이려면 다른 악기도 배워라.

에어로폰을 무반주나 반주기로 즐길 수 있지만, 피아노, 하프, 기타, 우쿨렐레 등을 배워서 화성적인 울림을 느끼고, 드럼 등 타악기를 배워서 리듬감을 익혀서 연주의 표현력을 향상시킵니다.

도♯(레♭)

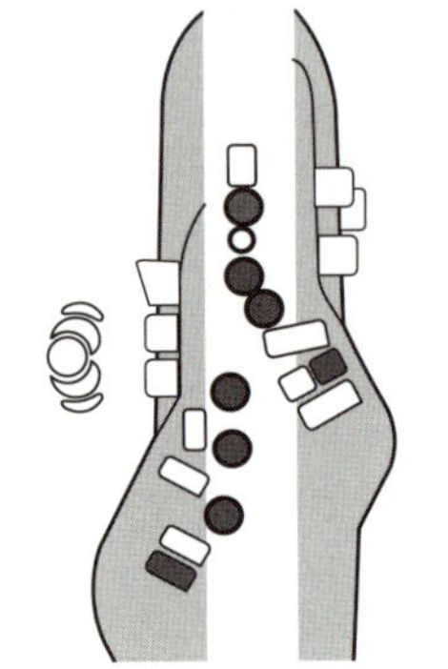

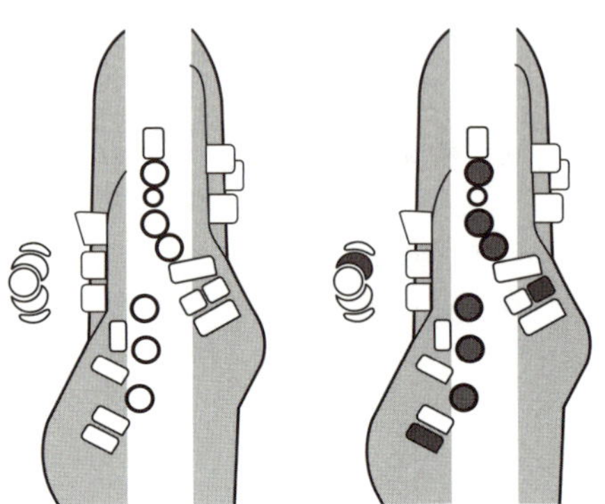

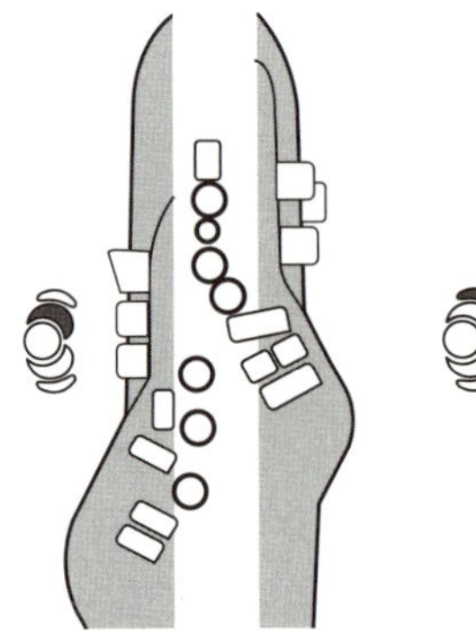

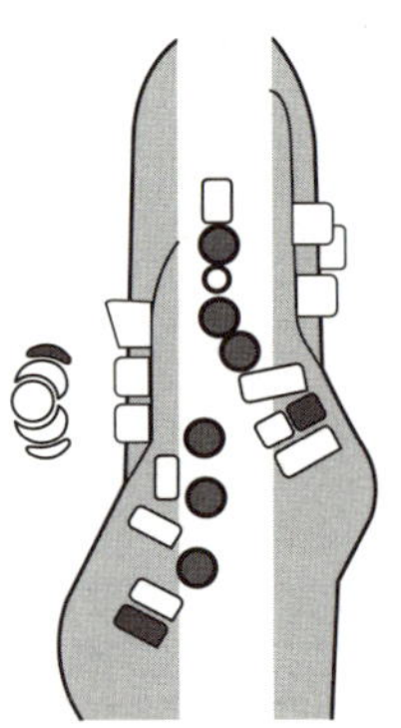

PM 보이스(PM Voice) 음색 찾기

전원 ON-[SCENE CATEGORY FAVORITE]11 –[Prest Scene]02(AE30//02)–PM Voice

 주의 깊게 듣고 PM 보이스 소리내기

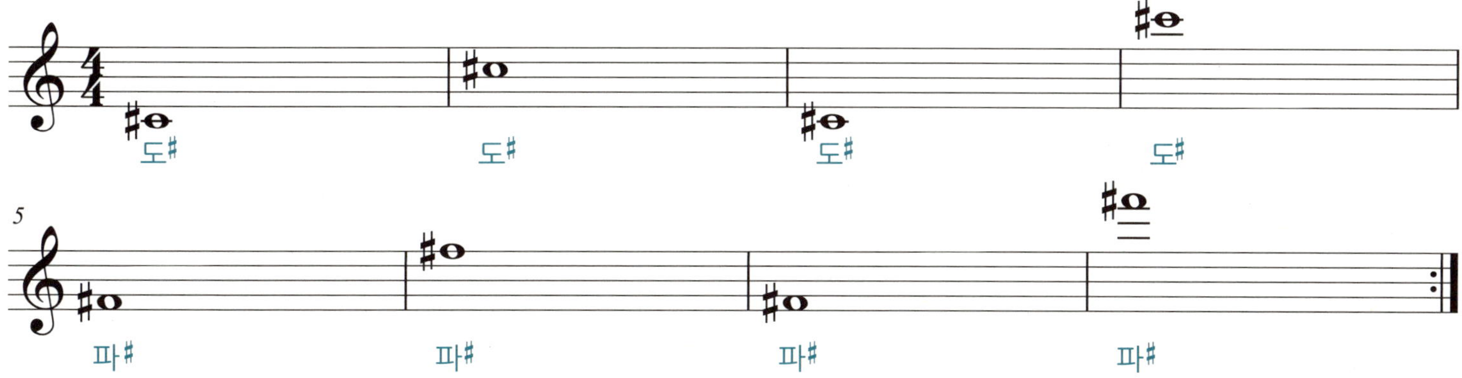

도#
도#
도#
도#
5
파#
파#
파#
파#

1
도# 파# 도# 파# 도# 파# 도#파#도#파#도#파#도#파# 도#
2
파# 도# 파# 도# 파# 도# 파#도#파#도#파#도#파#도# 파#
3
도# 파# 도# 파# 도# 파# 도#파#도#파#도#파#도#파# 도#

레 미 파#솔 라 솔 파#미 레 도#시라 솔 파#솔 라 시 도#레미 파#솔 라 솔 파#미 레 도# 레
5
레 도#시 라 솔 파# 미 파# 솔 라 시 도#레 미 파#솔 라 솔 파#미 레 도#시라 솔 라 시 도# 레

울면 안돼

H. 길레스피 작곡
J. 프레드 쿠츠 작곡

보통 빠르게

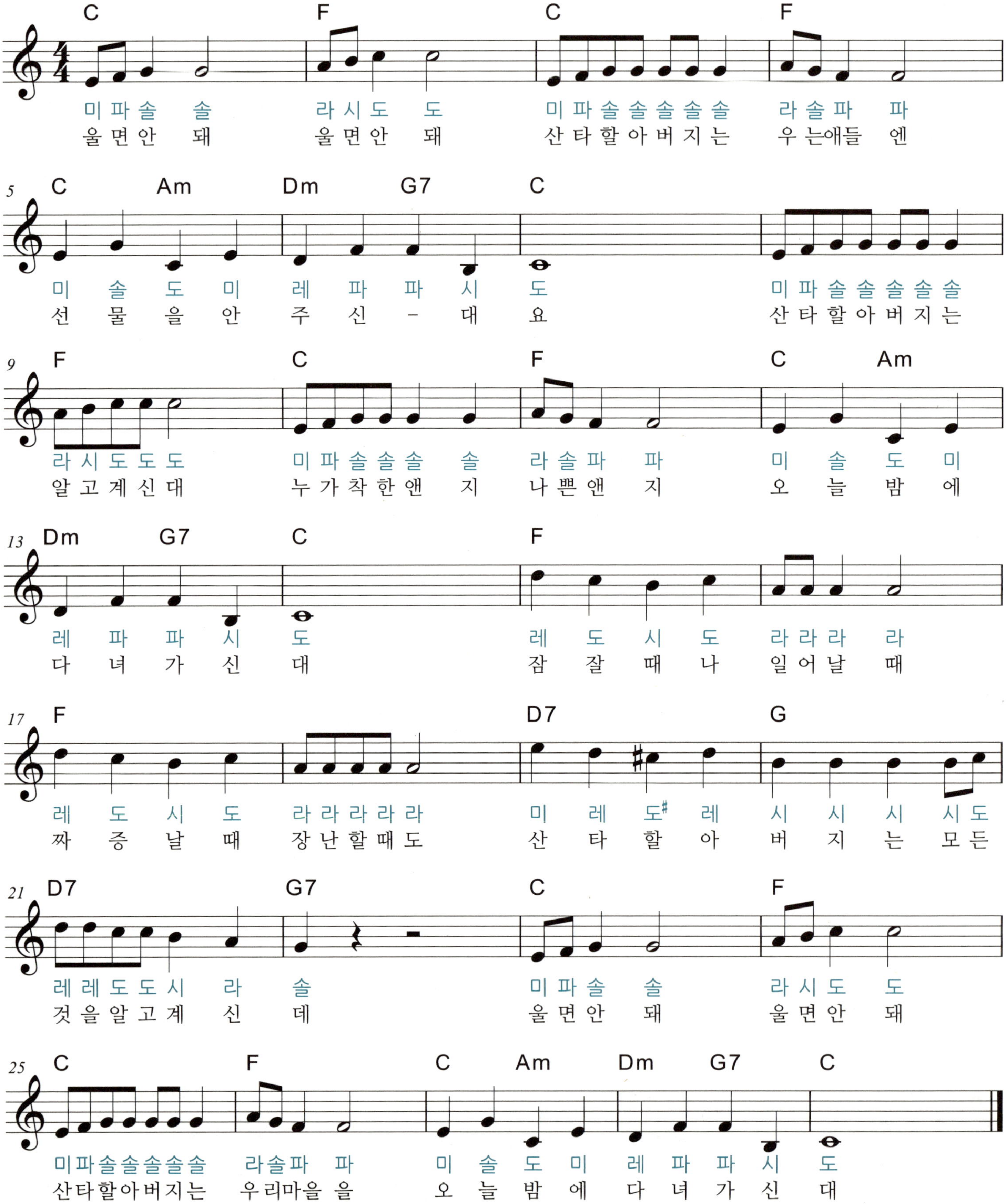

봄이 오면

김동환 작사
김동진 작곡

꿈길에서

포스터 작곡

보통 빠르게
파미파도 라 솔 파#솔레 - 도미레레도 시b시b라솔 라 - -
아름다운 꿈 깨어나서 - 하늘의별빛을바라보 라 - -
파미파도 라 솔 파#솔레 - 도미레레도 시b시b라솔 파 - -
한갖헛되 이 해 는지나 - 이맘에남모를허공있 네 - -
도시b솔미 레 레도라파 - 파미파레 솔 파 미파레도 -
꿈길에보 는 귀여운벗 - 들어주게 나 의고운노래 -
파미파도 라 솔파솔레 - 도미레레도 시b시b라솔
부질없었 던 근심걱정 - 다함께사라져물러가
라 - - 레미파파도 라도시b라 솔 파 - -
면 - - 벗이여꿈깨어 내게오 라 - -
라 - - 레미파파도 에라도시b라 솔 파 - -
라 벗이여꿈깨어 내게오 라 - -

긴머리 소녀

오세복 작사, 작곡

보통 빠르게

D장조 스케일(D Major Scale)

D장조 스케일은 레(D)에서 시작하여 3음인 파와 7음인 도에 ♯을 붙여 3-4, 7-8음 사이가
반음이 되게 합니다.

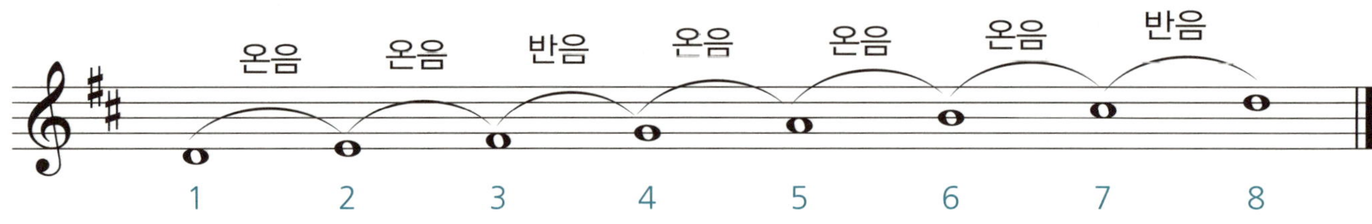

1

2

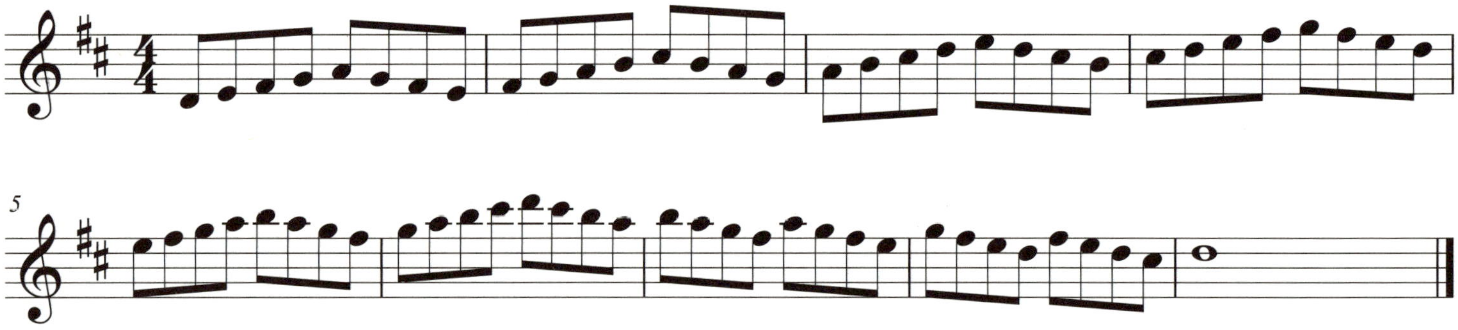

3

산골 소년의 사랑 이야기

예민 작사, 작곡

나는 에어로폰 고수다 9

무대 공포증을 극복하라.

몇 분동안의 연주를 위하여 많은 시간을 연습했는데 무대에서 긴장을 해소하지 못해 연주를 망치는 경우가 많습니다. 심호흡을 하거나 연주곡의 멜로디를 반복 연습하거나 평상시하던 리듬 트레이닝 등 자기만의 긴장 해소법을 개발하여 마음을 가라앉힙니다.

더블 텅잉과 트리플 텅잉

대부분의 에어로폰 음악은 싱글텅잉(투)으로 연주를 합니다. 그러나 빠른 음악이나 짧은 음이
연속으로 나올 때는 더블 텅잉(투크투크 또는 두그두그)이나 트리플 텅잉(투크투 또는 두그
두)을 합니다. 부드럽고 세련된 텅잉이 될 때까지 끈기 있게 연습을 합니다.

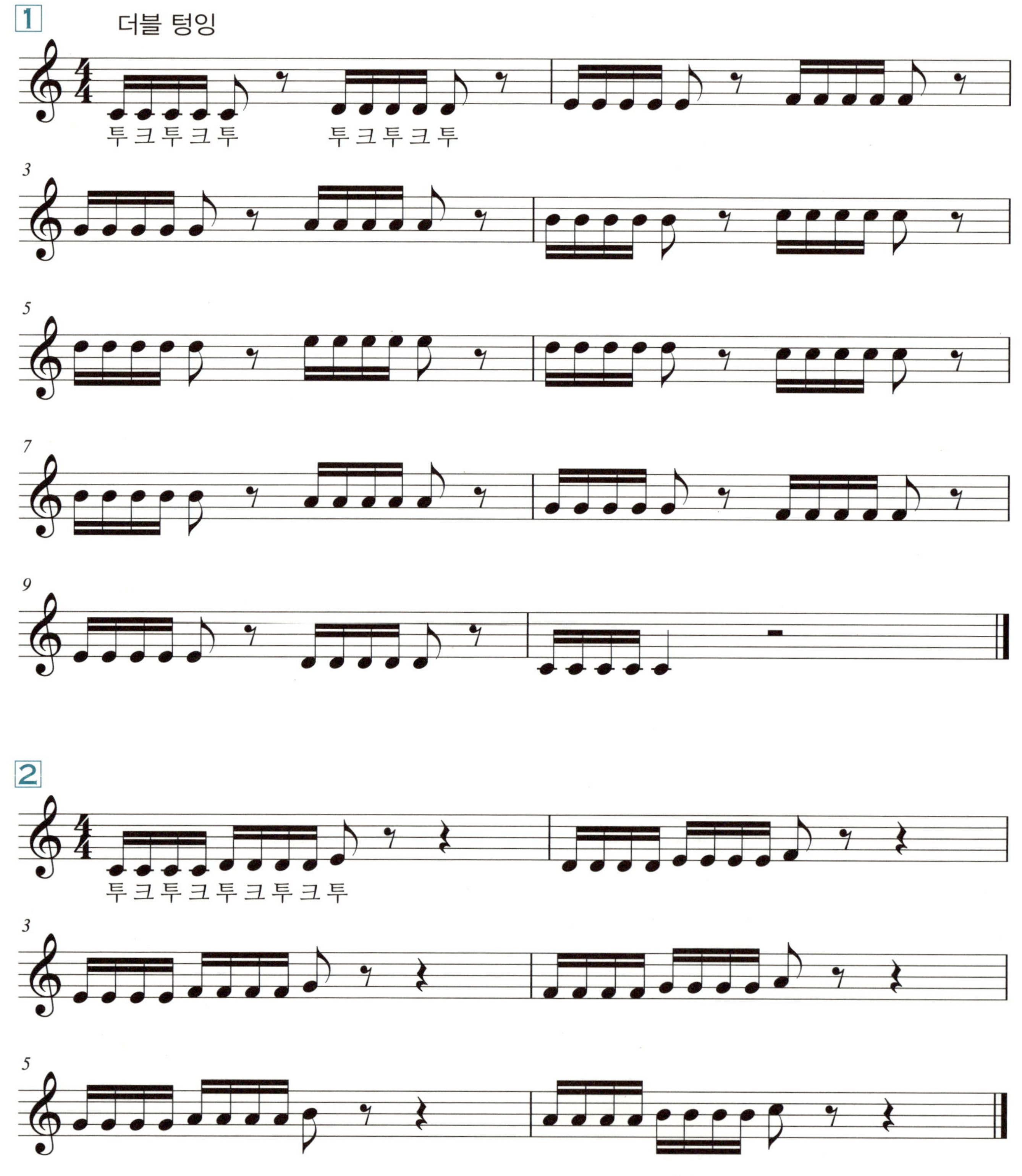

3
투 크 투 크 투 크 투 크 투 크 투 크 투

트리플 텅잉
투크투투
투크투 투
투크투 투
투크투 투

작은 별

모차르트 작곡

빠르게
C F C F C G7 C
투크투크
도 도 도 도 도 솔 솔 라 라 솔
투크투크
파 파 파 파 미 미 레 레 도
C F C G7 C F C G7
투크투크투크투크투크투크
솔 솔 솔 솔 파 파 파 파 미 미 미 미 레
투크투크투크투크투크투크
솔 솔 솔 솔 파 파 파 파 미 미 미 미 레
C F C F C G7 C
투크투크
도 도 도 도 도 솔 솔 라 라 솔
투크투크
파 파 파 파 미 미 레 레 도

미국 민요

빠르게
C F C G7 C F C
도 도 도 솔 라 라 솔 미 미 레 레 도 솔 도도도도도 솔 라 라 솔
투크투크
C G7 C
투크 투크
미 미 레 레 도 솔솔 도 도 도 솔솔도 도 도
투크투 투크투 투크투크
도도도 도도도 도도도도도 도
C F C G7 C
도 도 도 솔 라 라 솔 미 미 레 레 도

그래 그래서

미♭ (레♯)

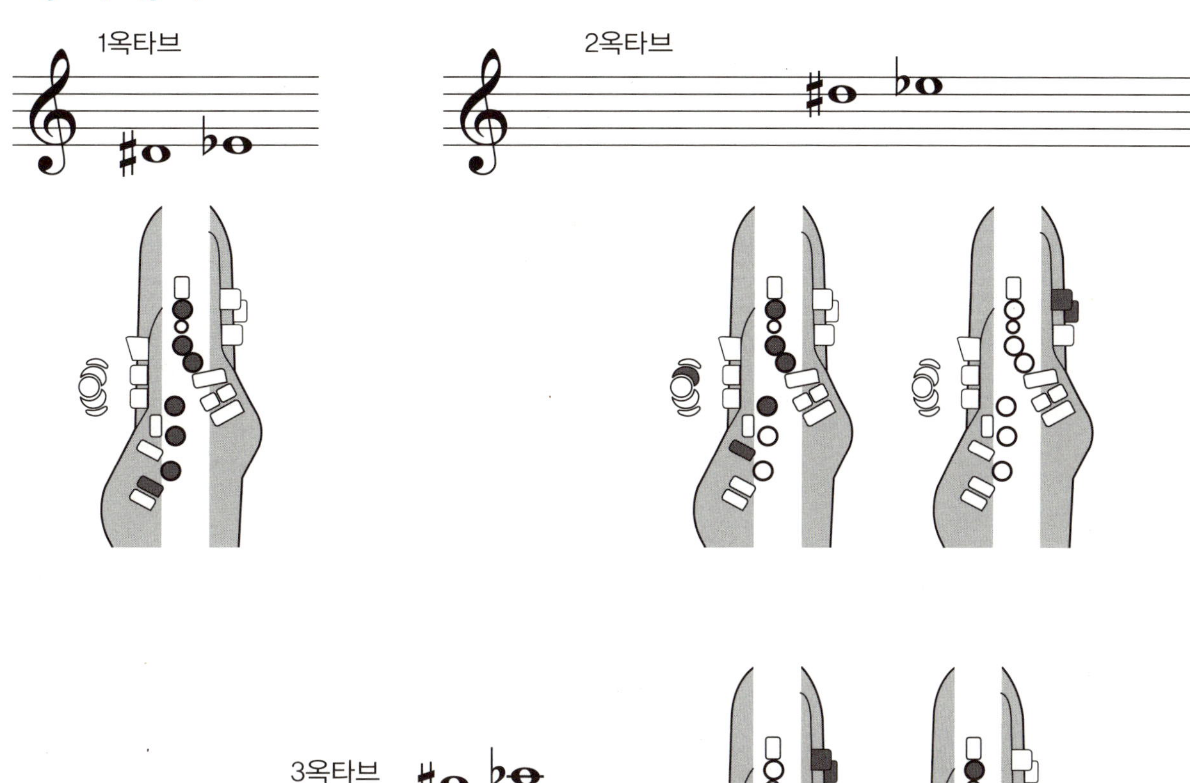

비브라폰(Vibraphone) 음색 찾기

전원 ON-[SCENE CATEGORY FAVORITE]12–[Prest Scene]04(AE30/03)–Vibraphone

주의 깊게 듣고 비브라폰 소리내기

연습 12

미♭
미♭
미♭
미♭
시♭
미♭
시♭
미♭

연습 13

1
시♭ 미♭ 시♭ 미♭ 시♭ 미♭ 시♭미♭ 시♭미♭ 시♭미♭ 시♭
2
미♭ 시♭ 미♭ 시♭ 미♭ 시♭ 미♭시♭미♭시♭ 미♭시♭미♭시♭ 미♭
3
시♭ 미♭ 시♭ 미♭ 시♭ 미♭ 시♭미♭ 시♭미♭ 시♭미♭ 시♭미♭ 시♭

연습 14

미♭파솔라 시♭라솔파   솔라시♭도레도 시♭라   시♭도레미♭ 파미♭레도   레 미♭파솔 라
시♭라솔파 미♭파솔라   솔파미♭레 도레미♭파   미♭레도 시♭ 라시♭도레   미♭레도 시♭시♭

B♭장조 스케일(B♭ Major Scale)

B♭장조 스케일은 시♭(B♭)에서 시작하여 4음인 미와 8음인 시에 ♭을 붙여 3–4, 7–8음 사이가 반음이 되게 합니다.

1

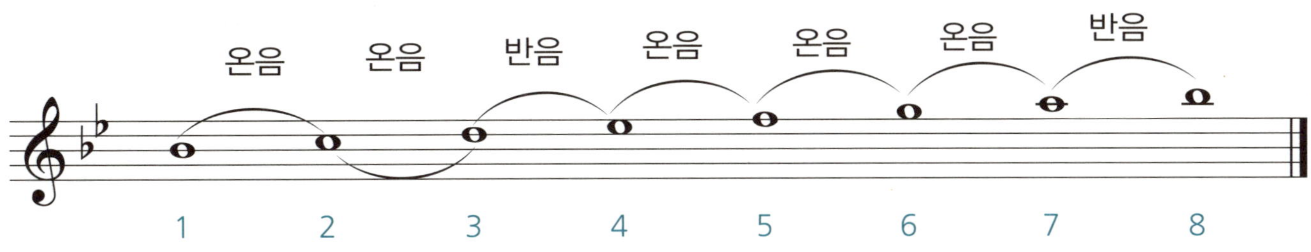

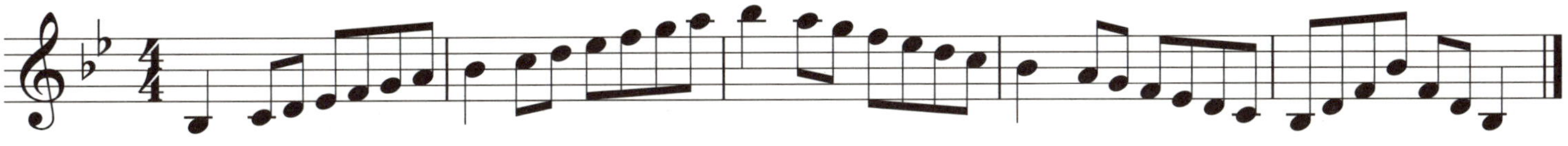

2

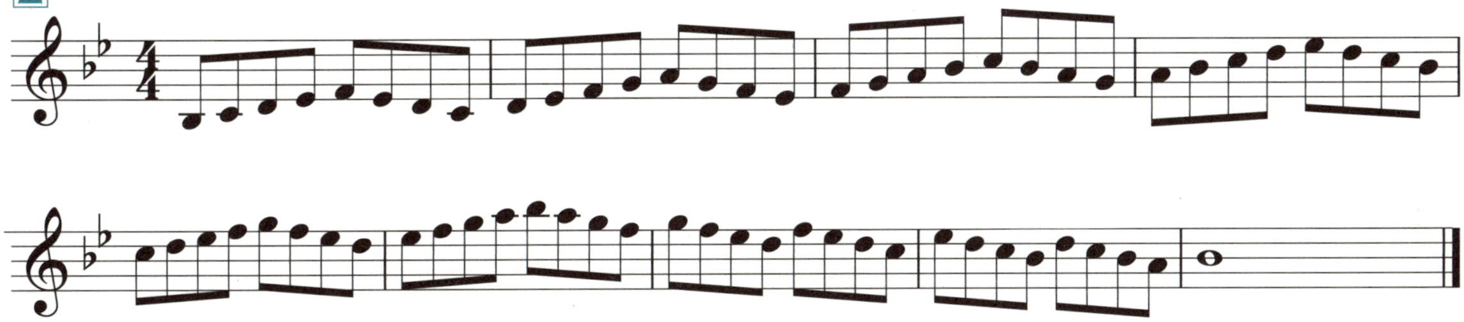

3

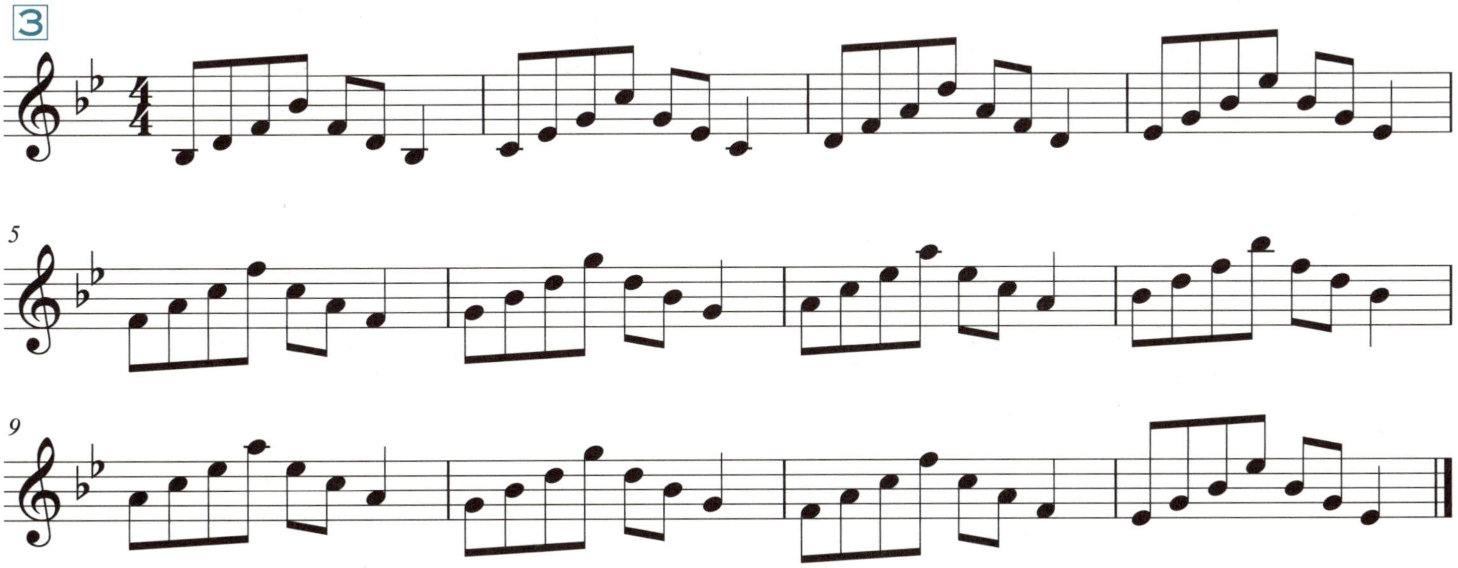

꾸밈음(Ornament)

음을 아름답게 꾸며주는 음을 꾸밈음(장식음)이라고 합니다.
먼저 주 멜로디를 익힌 후에 꾸밈음으로 음악을 화려하게 장식합니다.

긴앞꾸밈음

짧은 앞꾸밈음

뒤꾸밈음

겹앞꾸밈음

돈꾸밈음

프랄트릴러(잔결꾸밈음)

모르덴트(앞잔결꾸밈음)

남촌

김동환 작사
김규환 작곡

나는 에어로폰 고수다 10

유명한 연주자의 연주를 완벽하게 카피하라.

예술은 모방에서 시작됩니다. 세계적으로 유명한 에어로폰 연주자를 롤모델로 삼아 그의 곡을 철저히 분석하고 모방하여 똑같이 카피하다 보면 자신감이 생깁니다. 예를 들어 자신만의 개성있는 연주를 위해서 색소폰 연주자들은 처음에는 색소폰의 전설인 찰리파커나 팝재즈 색소폰의 달인인 케니지의 곡들을 카피하는 경우가 많습니다.

칠갑산

조운파 작사, 작곡

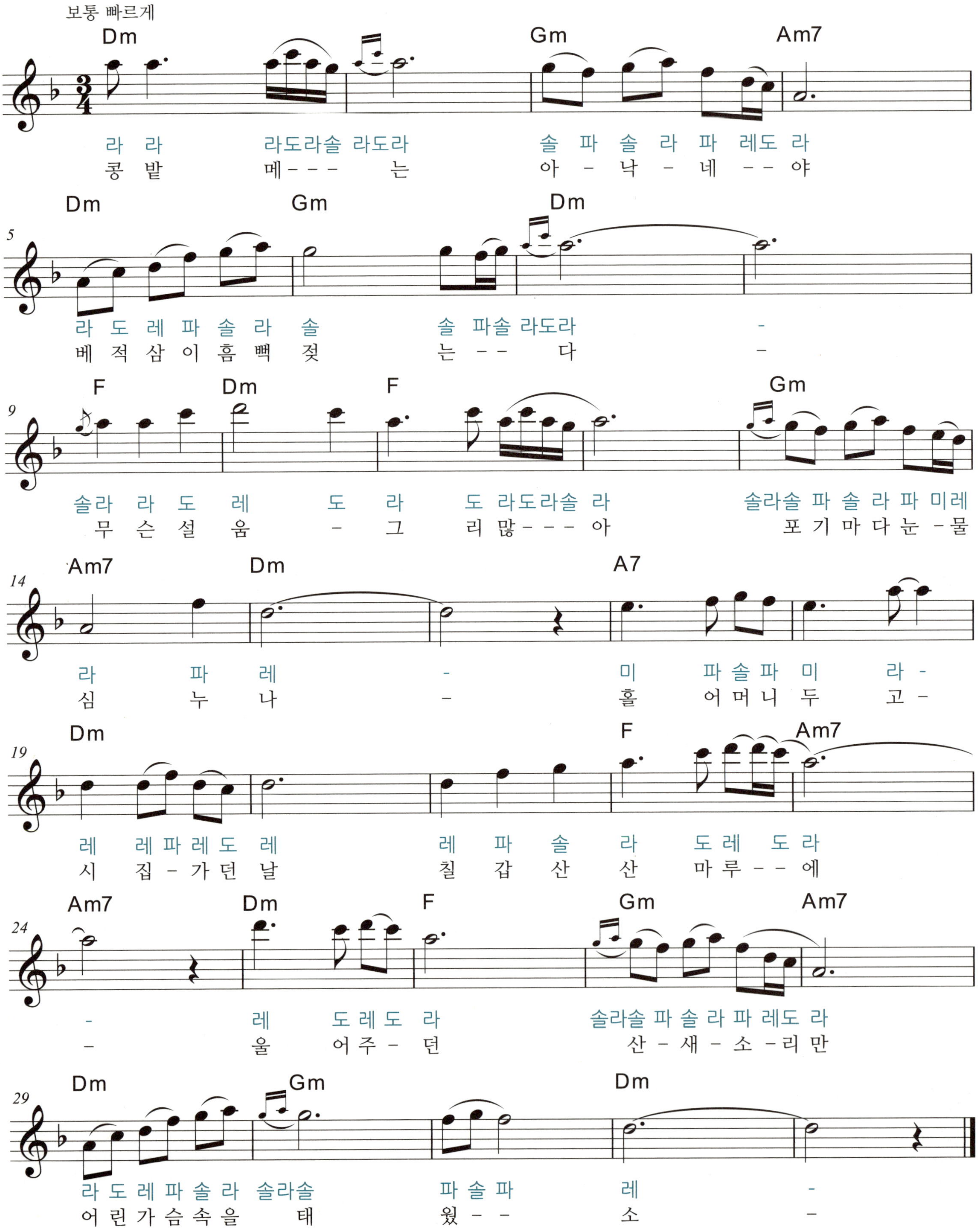
보통 빠르게
Dm Gm Am7
라 라 라도라솔 라도라 솔 파 솔 라 파 레도 라
콩 밭 메- - - 는 아 - 낙 - 네 - - 야
Dm Gm Dm
라 도 레 파 솔 라 솔 솔 파솔 라도라 -
베 적 삼 이 흠 뻑 젖 는 - - 다 -
F Dm F Gm
솔라 라 도 레 도 라 도 라도라솔 라 솔라솔 파 솔 라 파 미레
무 슨 설 움 - 그 리 많- - - 아 포 기 마 다 눈 -물
Am7 Dm A7
라 파 레 - 미 파 솔 파 미 라 -
심 누 나 - 홀 어 머 니 두 고 -
Dm F Am7
레 레 파 레 도 레 레 파 솔 라 도 레 도 라
시 집 - 가 던 날 칠 갑 산 산 마 루 - - 에
Am7 Dm F Gm Am7
- 레 도 레 도 라 솔라솔 파 솔 라 파 레도 라
- 울 어 주 - 던 산 - 새 - 소 - 리 만
Dm Gm Dm
라 도 레 파 솔 라 솔라솔 파 솔 파 레 -
어 린 가 슴 속 을 태 웠 - - 소 -

어느 60대 노부부 이야기

솔♯(라♭)

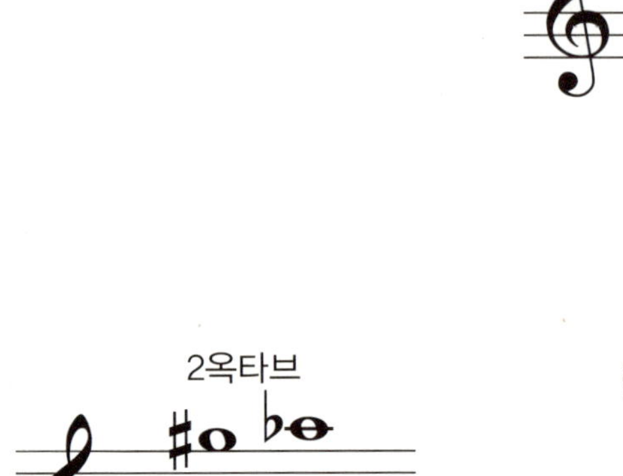

1옥타브

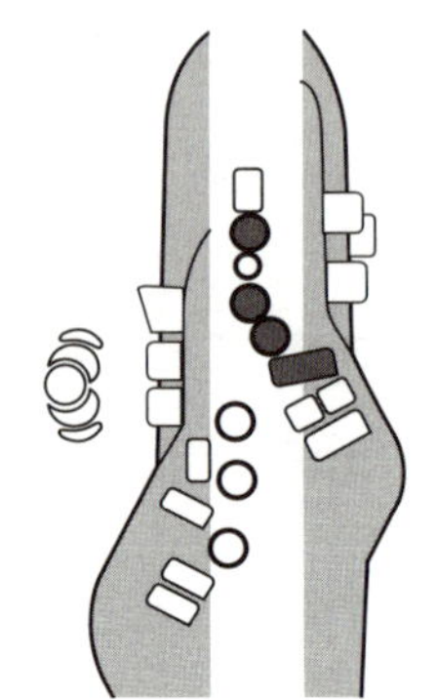

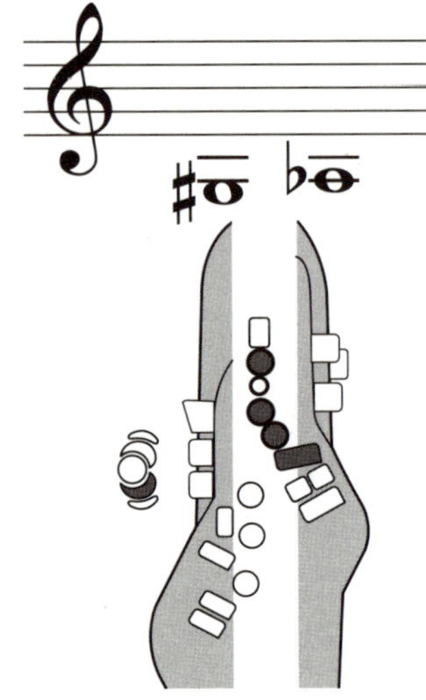

2옥타브

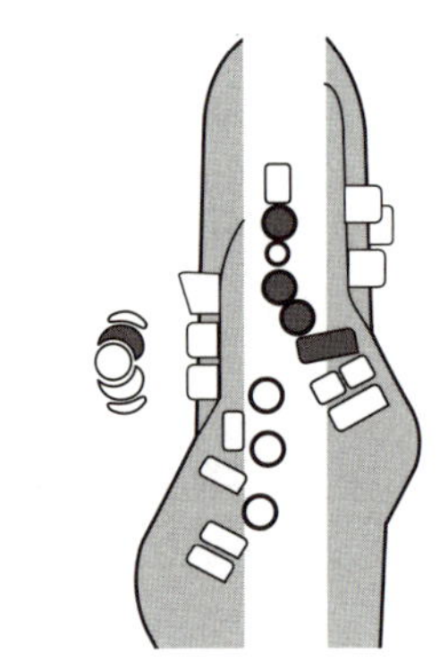

재즈 기타(Jazz Guitar) 음색 찾기

전원 ON-[SCENE CATEGORY FAVORITE]10–[Prest Scene]05(AE30/05)–Jazz Guitar

 주의 깊게 듣고 재즈 기타 소리내기

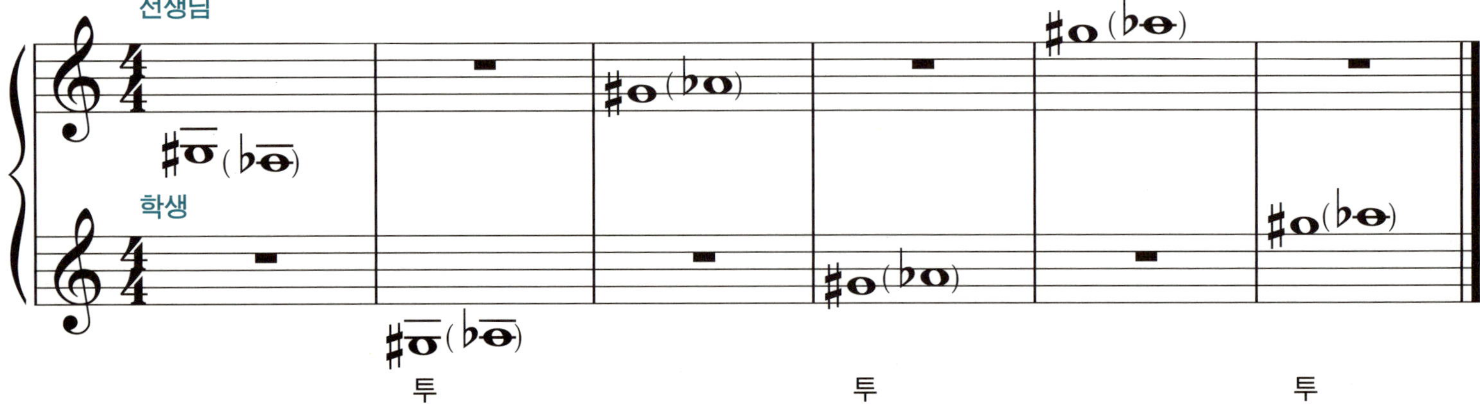

연습 16

연습 17

올챙이와 개구리

윤현진 작사, 작곡

빠르게

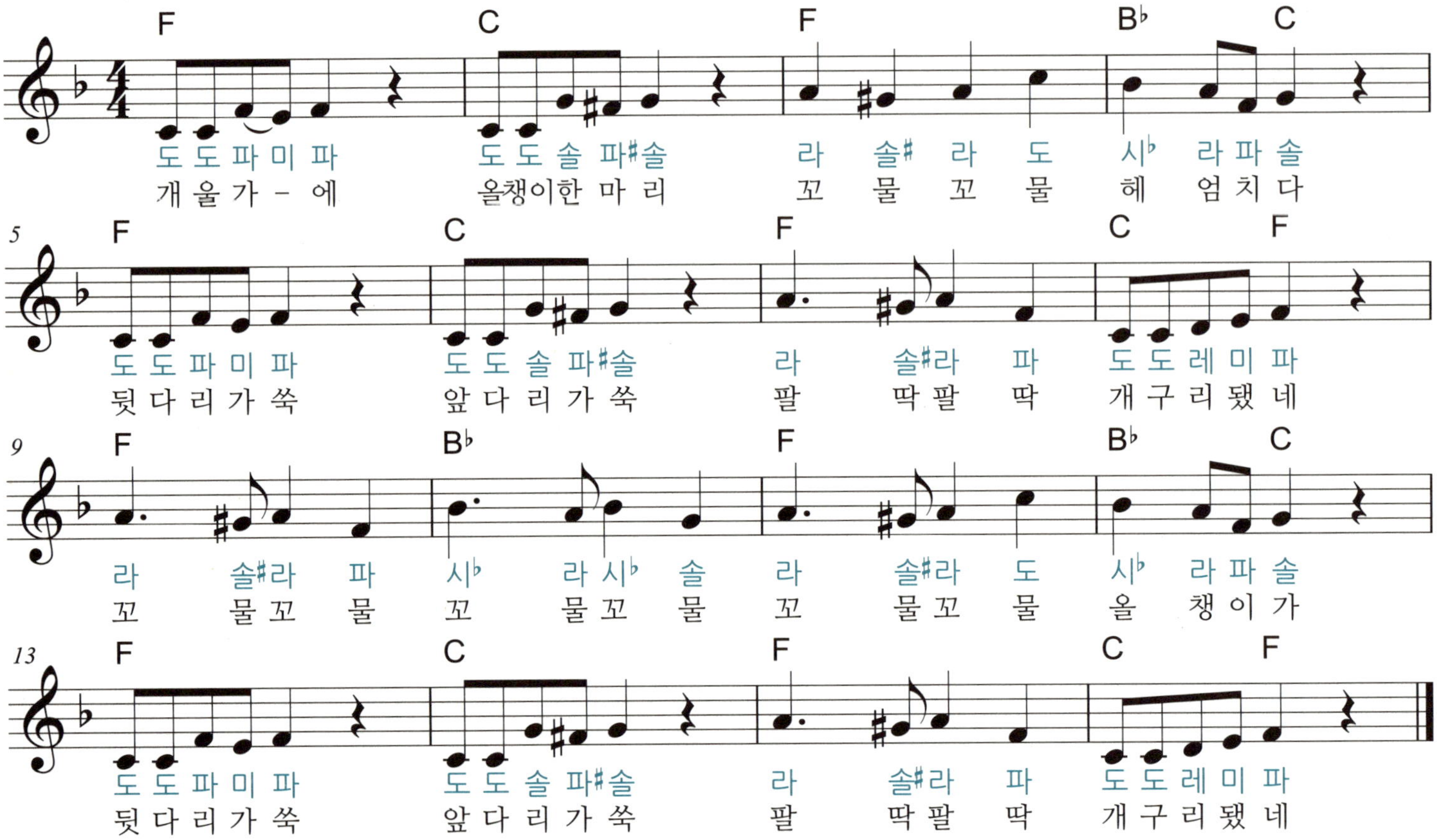

숲속을 걸어요

윤종슬 작사
정연택 작곡

보통 빠르게

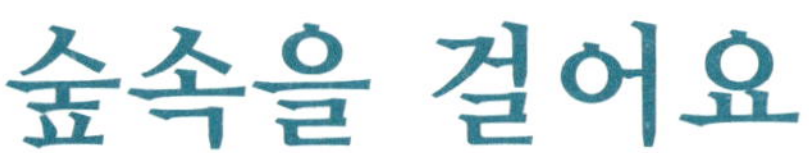

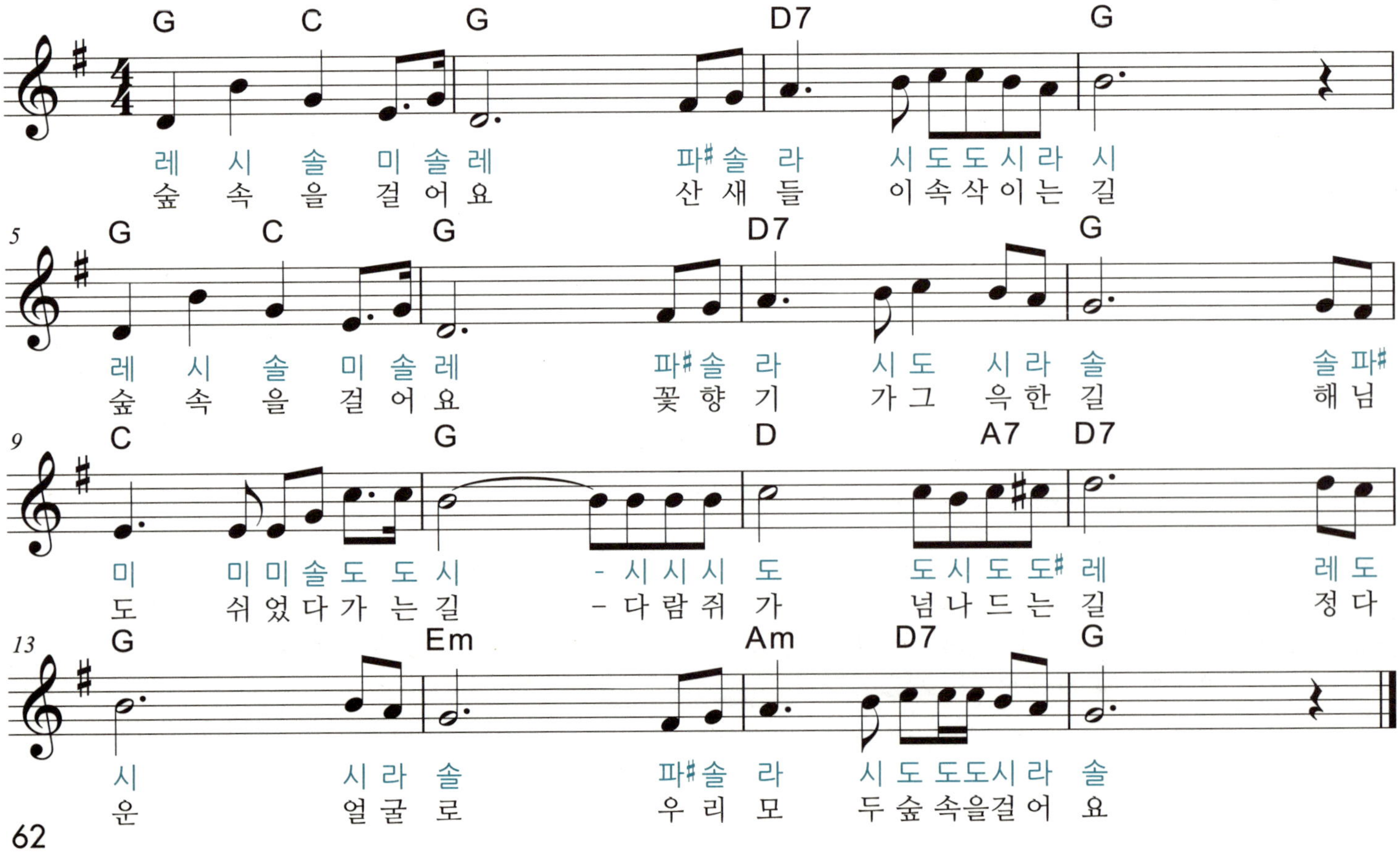

Por Una Cabeza

바위섬

배창희 작사, 작곡

보통 빠르게

미레 미 미미솔도 시 솔솔 라 솔#라 라 라 파 레 솔 미
파도 가 부서지는 바 위섬 인 적 없던 이곳 에 세상
밤 폭풍우에 휘 말려 모 두 사 - 라 지 고 남은

도 시 도 레 미 미 파 미 레 도 레 미 레
사 람 들 하 나 둘 모 여 들 더 니 어 느
것 은 바 위 섬 과

파 미 레 도 도 솔솔 도 도미레도 시 솔 솔
흰 파 도 라 네 바 위 섬 너 는 내 가 미 워 도

라 라라도시라 시 라솔 도 시도미레도 시 솔솔 라 라 도 레미
나 는너를너무 사 랑해 다 시태어나지 못 해도 너 를 사 랑 -

레 미레 미 미미솔도 시 솔솔 라 솔#라 라파 레 솔미
해 이제 는 갈매기도 떠 나고 아 무도 없지 만 나는

도 시 도레미 미 파 미레 도 도 솔솔 도 솔미
이 곳 바위섬 에 살 고싶 어 라 바위 라 나는

도 도 도레미 미 파 미레 도 도 -
이 곳 바위섬 에 살 고싶 어 라 -

Fine

 ## A장조 스케일(A Major Scale)

A장조 스케일은 라(A)에서 시작하여 3음인 도와 6음인 파, 7음인 솔에 #을 붙여 3-4, 7-8음 사이가 반음이 되게 합니다.

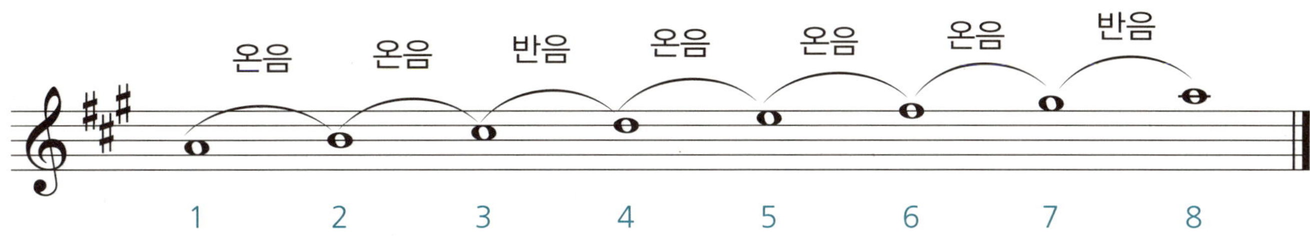

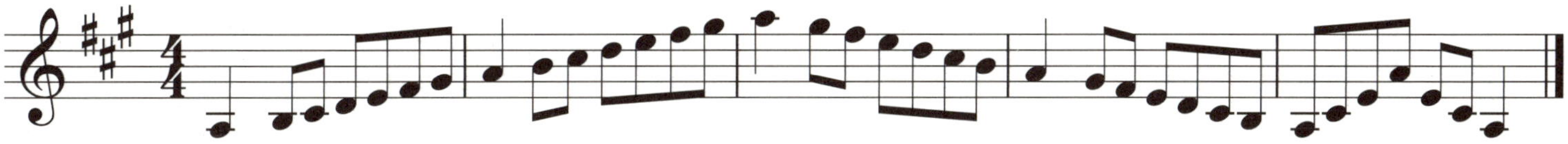

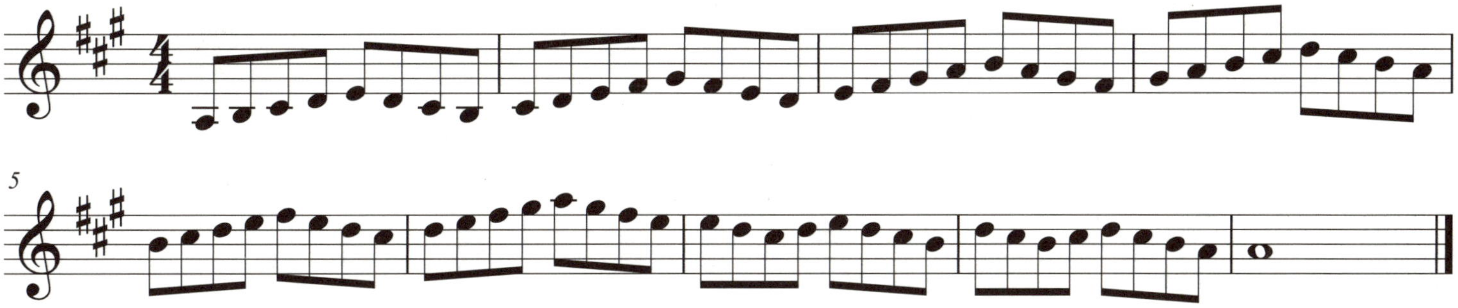

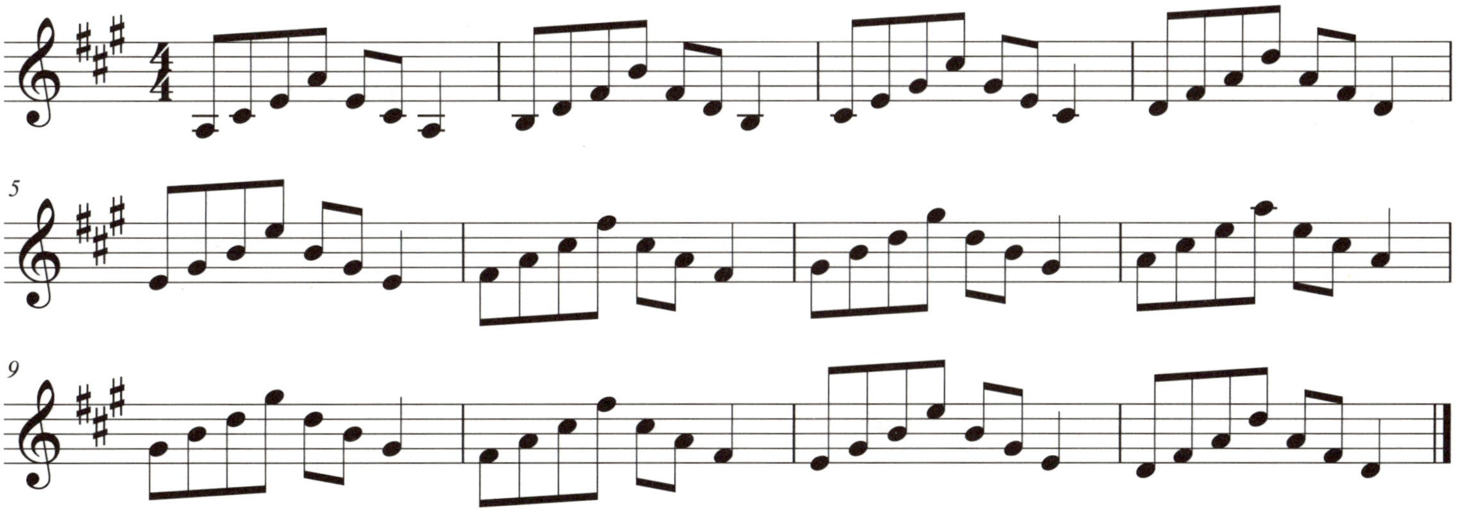

Over the Rainbow

E. Y. 하버그 · H. 알렌 작사, 작곡

암보를 습관화 하라.

암보를 하면 연주의 느낌을 관객들에게 가장 잘 전달할 수 있습니다. 특히 독주를 할 때는 보면대를 무대에서 치우고 자신 있게 연주할 수 있을 때까지 반복적인 연습을 꾸준히 합니다.

| Part 1

실버벨

J. 리빙스턴 · R. 에반스 작사, 작곡

보통 빠르게

실버벨

미미미 도 미미미 도 시♭시♭라 파 파 파 파파
거리마 다 오고가 는 많은사 람 들 이 웃으

솔 레 레# 레 레 시 도 도 - 미미
면 서 기 다 리 던 크리스 마스 - 아이

미 도 미미미 도 시♭시♭라 파 파 파 파#파#
들 도 노인들 도 은종을 만 들 어 거리

솔 레 레# 레 레 시 도 -
마 다 크 게 울리 네 -

도 레 미 파 솔 라
실 버 벨 실 버 벨

솔 솔 솔 파 파파미미 - 파 미 레
아 름 다 운 종소리를 -

도 레 미 파 솔 라
종 소 리 울 려 라

레 레 미 파 미파미 -
크리스 마 스 다 가 오 네 -

에어로폰 모음곡

가을을 남기고 간 사랑

박춘석 작사, 작곡

겨울 아이

박원빈 작사
박장순 작곡

시 도#레 미 솔#파# 미
아름다운당신 은
미 라 라 라솔# 레
눈처럼 깨끗 한
시 솔#솔# 라시 라
나만의 당 - 신
도#시 라 미 도#레 레
생일축하합니 다
시 라솔#미 미 미시 라
생일축하합니 다
도#시 라 미 도#레 레
생 일축하합니 다
시 라솔#미 시 라
당신의생 일 을
도#시 라 미 도#레
Happy Birth Day to you
시 라 솔#미 시 라
Happy Birth Day to you
도#시 라 미 도#
Happy Birth Day to
레
you
시 라 솔#미 시 라
Happy Birth Day to you

무명배우

보통 빠르게

Dm / Dm/C / B♭M7 / Gm

Gm / F   Dm / Em7(♭5) / A7

Dm / Dm/C / B♭M7 / Gm

Gm / F   Dm / Em7(♭5)   A7 / Dm

Dm / Gm / Dm

Dm / Em7(♭5) / Dm

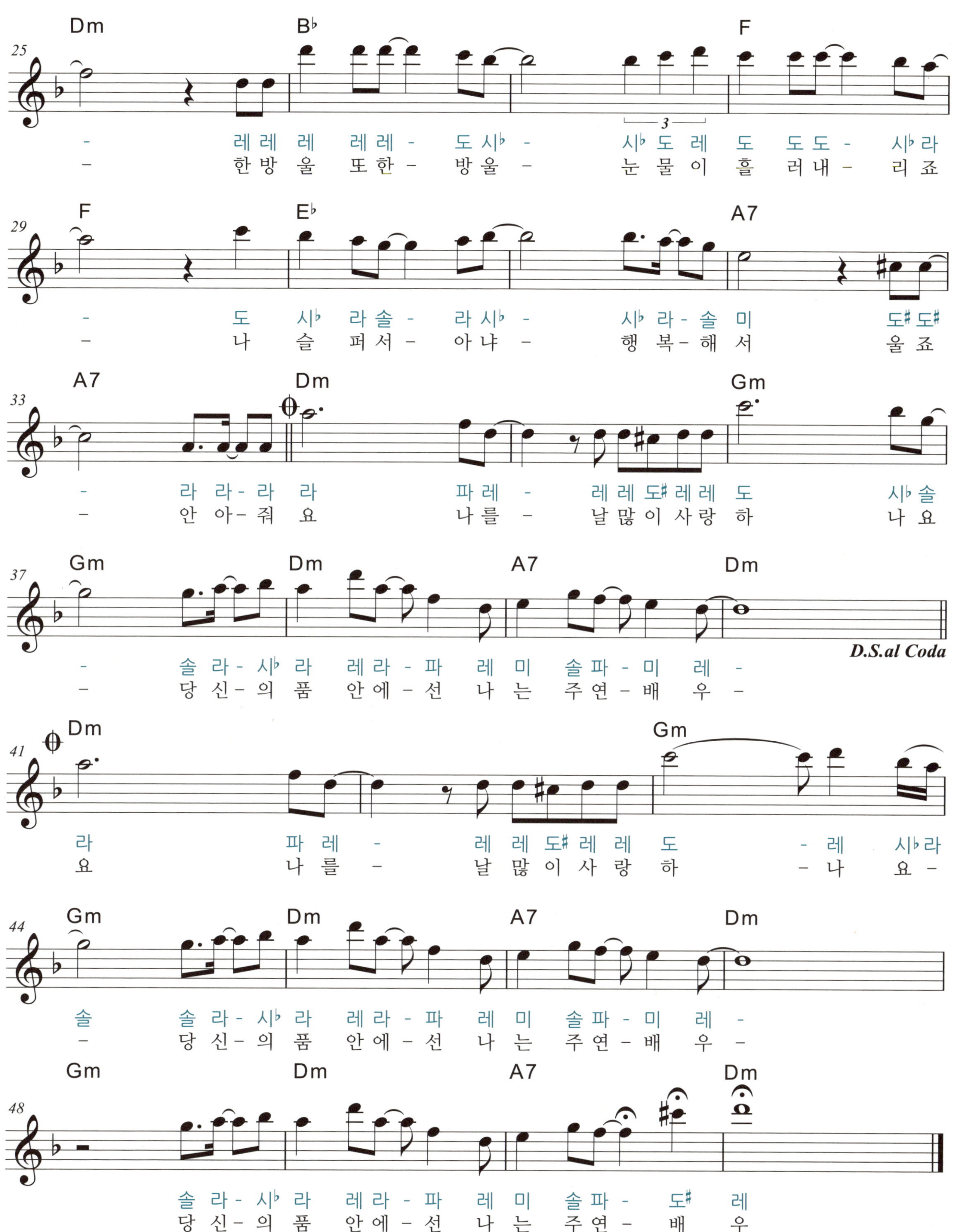

Dm
B♭
F
- 레레레 레레- 도시♭- 시♭도레 도 도도- 시라
- 한방울 또한- 방울 - 눈물이흘 러내- 리죠
F
E♭
A7
- 도 시♭ 라솔- 라시♭- 시♭라- 솔미 도# 도#
- 나 슬 퍼서- 아냐- 행 복-해서 울죠
A7
Dm
Gm
- 라라-라 라 파레- 레레 도#레레 도 시♭솔
- 안 아-줘 요 나를- 날많이사랑 하 나요
Gm
Dm
A7
Dm
- 솔라-시라 레라-파 레미 솔파-미 레-
- 당신-의품 안에-선 나는 주연-배우-
D.S.al Coda
Dm
Gm
라 파레- 레레도#레레 도 -레 시♭라
요 나를- 날많이사랑 하 -나 요-
Gm
Dm
A7
Dm
솔 솔라-시라 레라-파 레미 솔파-미 레-
- 당신-의품 안에-선 나는 주연-배우-
Gm
Dm
A7
Dm
솔라-시라 레라-파 레미 솔파- 도# 레
당신-의품 안에-선 나는 주연- 배우

그저 바라볼 수만 있어도

유익종 작사, 작곡
보통 빠르게

이 밤 은 한 마디 말 없이 슬픔 을 잊고 거 멀 가
그리움이 다 가와 두 눈 을 감을 때
어 진 - 그대의 눈 빛을 그저잇 고 저 작
습 을 스치- 는 것이 무엇인지 모르 오 그 -
저 바라볼수 만 있어도좋은 사 - 람 그리
워 떠 오르 면 가슴만아픈 사 람 우
리 헤어짐은 멀 어도 마음에 남아 서 창
문 흔들리는 소 리에 돌아보는 마 - 음

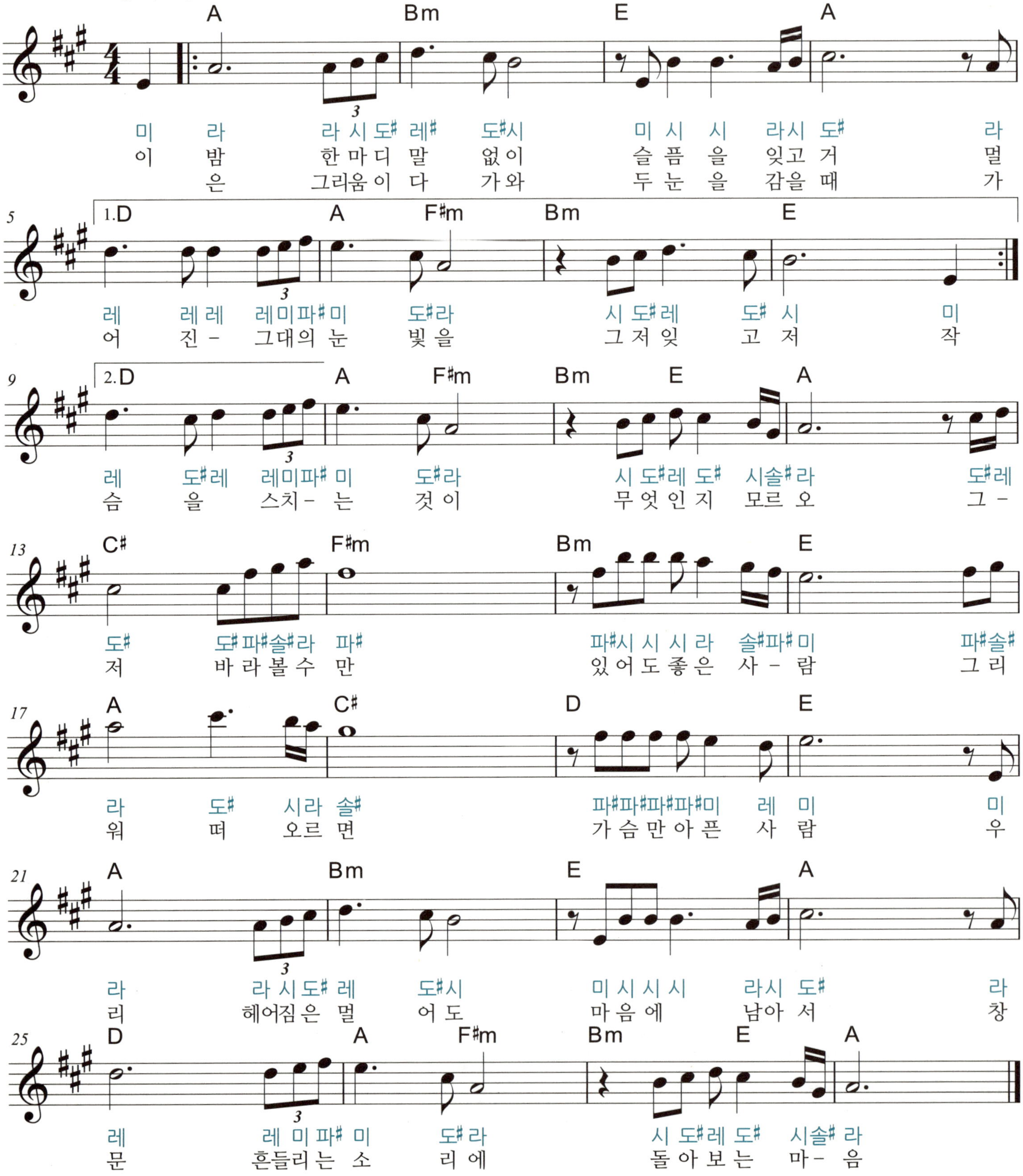

돌아와요 부산항에

황선우 작사, 작곡

보통 빠르게

꽃 피 - - 는 동백섬 - 에
봄 이 왔 건 - - 만 -
형 제 떠 난 부 산 항 에
갈 매 기 만 슬 피 우 - 네 -
오 륙 도 돌아가 는 연락선 마 - 다
목메 어 불 러봐 도 대 답 없는 내 형제 여
돌 아 와 요 부 산 항 에
그 리 운 내 형 - 제 - 여 -

누구 없소

윤명운 작사, 작곡

보통 빠르게

F#m   D   E   A   C#
레 레 파# 미 미 미 미 도#미   도#도#시 도#도#미 도# -
- 오 늘 밤 도 편안히들   주무시고계시는 지

D   A   C#   F#m   Bm
파#미 파#미   라 - 파#미 도#   시 시 도#라 -   레 레 도#레 레
밤 이 너 무   긴 - 것 같은   생 각 에 -   아침을 보려

B   E   C#   F#m   Bm
레 레 도#레 도#레 파#미 -   솔# - 도#시 도#시라파#라 도# 도#-   시 라 시 라 도#파#
아 침 을 보려 하 네 -   나 - 와같이누구아침 을 볼 -   사 람거기없소

F#m   Bm   C#   F#m
-   도#시 라 시 라 시 시 -   미 도#시 라 도# 파#
-   누군가 깨었다면 -   내 게대답해 줘

사랑은 늘 도망가

강태규 작사
홍진영 작곡

보통 빠르게

F#m E D E 1.A
22
라 도#도#시 라- 도#시라 라 -도#레 미 미도# 시라 라 시라-
은 늘 도망가- 잠시 쉬 -어가 면 좋을 텐- -데--

D A F#m E D A Bm E
25
라 파# 미 도#시 라 도# 시 도# 미 파# 미 도#도#시라 도# 시 도#레
라 파# 미 도#시 라 도# 시 도# 미 파# 미 도#도#시라 도# 시 바람

2.A E F#m C#m D A
29
라 시라- 라 도#미 파#- 파# 솔#라솔# 미- 도#레 도#레미 미- 도#미
-데-- 기 다림도- 애 태-움 도- 다 버 려야하는 데- 무얼

Bm E
32
파# 미 미레 레- 도# 레미 미- 라 솔 파#미 파#미 - -파# 미 도#시
찾 아 이길 을- 서 성일 까- 무 얼찾-아- - -여 기 있-

E D A F#m F
35
도#시 - 도# 시라 라 라 라파# 미미 도# 시라 라 라라 -시라도#- 도#미
나 - - 사 랑-아 왜 도망 -가 수 줍-은 아이-처-럼- 행 여

D A Bm E A E
38
파# 파# 파# 파# 미-도# 도#레 도#시라 시- 도#레 미 미 파#미미 파#솔#
놓 아 버 릴까-봐 꼭 움켜 쥐지만- 그 리움 이쫒-아 사랑

F E D E A
41
라 도# 도#시 라- 도#시라 라 -도#레 미 미도# 시라 - 시라- 도# 시라
은 늘 도망가- 잠시 쉬 -어가 면 좋은 텐- -데-- 잠시-

D E A
44
라 도# 레 미 도#도#- 시라 시라 -
쉬 어 가 면 좋을을-텐-데--

목포의 눈물

문일석 작사
손목인 작곡

보통 빠르게

봄날은 간다

손로원 작사
박시춘 작곡

사랑했어요

보통 빠르게

김현식 작사, 작곡

사랑의 찬가

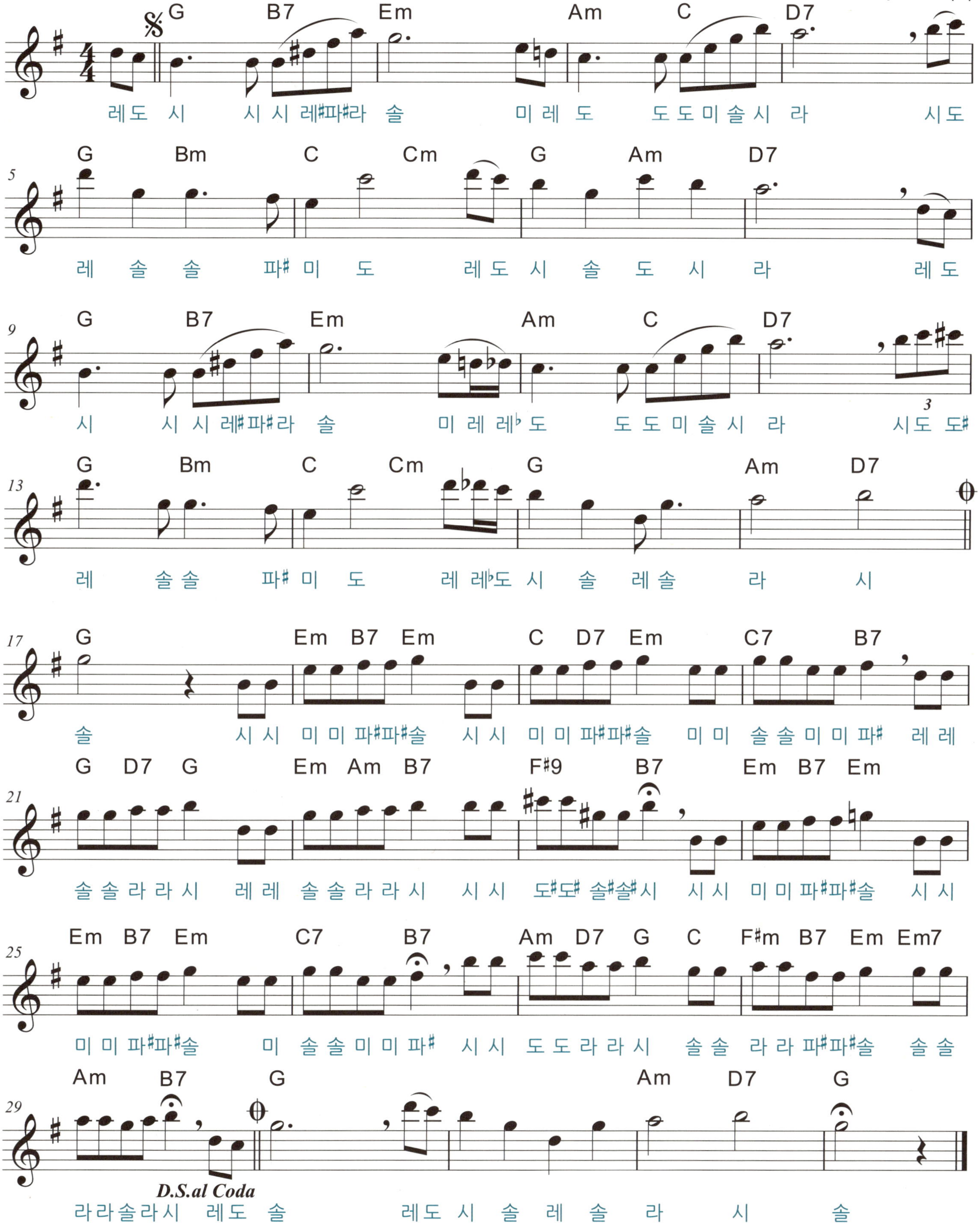

E. 피아프 작사
M. 모노 작곡
보통 빠르게
G B7 Em Am C D7
레도 시 시 시 레#파#라 솔 미 레 도 도 도 미 솔 시 라 시 도
G Bm C Cm G Am D7
레 솔 솔 파# 미 도 레 도 시 솔 도 시 라 레 도
G B7 Em Am C D7
시 시 시 레#파#라 솔 미 레 레b도 도 도 미 솔 시 라 시 도 도#
G Bm C Cm G Am D7
레 솔 솔 파# 미 도 레 레b도 시 솔 레 솔 라 시
G Em B7 Em C D7 Em C7 B7
솔 시 시 미 미 파#파#솔 시 시 미 미 파#파#솔 미 미 솔 솔 미 미 파# 레 레
G D7 G Em Am B7 F#9 B7 Em B7 Em
솔 솔 라 라 시 레 레 솔 솔 라 라 시 시 시 도#도# 솔#솔#시 시 시 미 미 파#파#솔 시 시
Em B7 Em C7 B7 Am D7 G C F#m B7 Em Em7
미 미 파#파#솔 미 솔 솔 미 미 파# 시 시 도 도 라 라 시 솔 솔 라 라 파#파#솔 솔 솔
Am B7 G Am D7 G
라 라 솔 라 시 레 도 솔 레 도 시 솔 레 솔 라 시 솔
D.S.al Coda

숨어 우는 바람 소리

김지평 작사
김욱 작곡

트로이메라이

R. 슈만 작곡

여행을 떠나요

하지영 작사
조용필 작곡

조금 빠르게

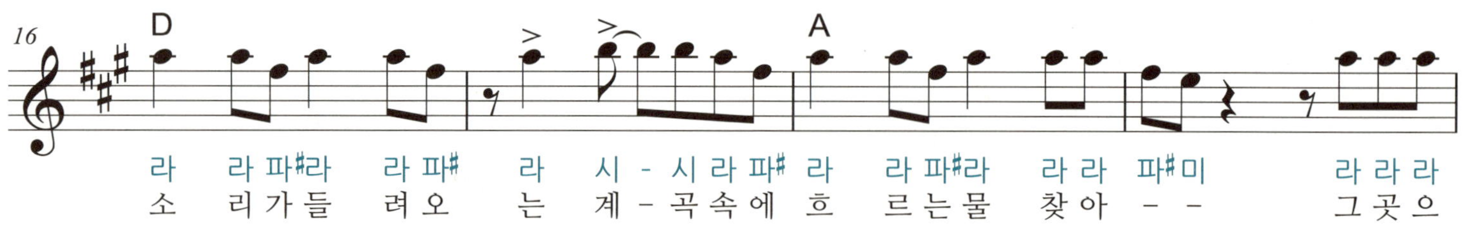

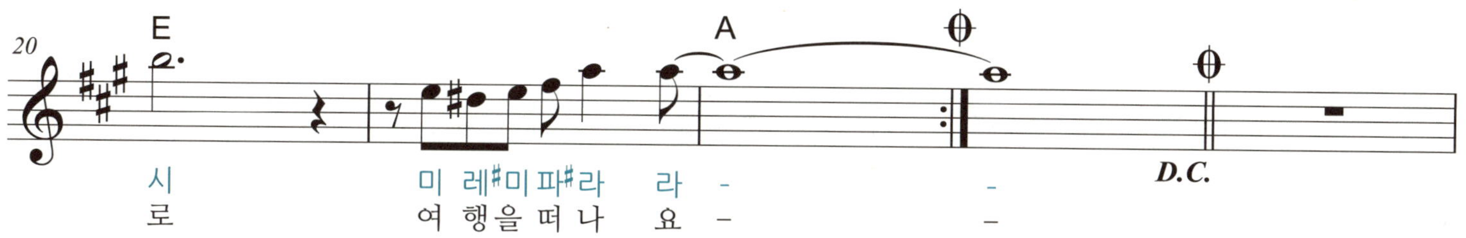

시
미 레#미 파#라 라 -   -
로   여 행을떠나 요 -   -
D.C.

라 라파#라 라라   라 라파#라 라 라 도#   라 라 라파#라 라라
여 행을떠 나요   즐 거운마음으로   모두함께떠 나요

도#   도# 도# 시 라 라파#라 라파#라 라 시 - 시라파#
아   메 아 리 소 리가들 려오 는 - 계 - 곡속에

라 라파#라 라 라 파#미   라라라시   미 미파#라 라 -
흐 르는물 찾아 - -   그곳으 로   여 행을떠나 요 -

화장을 고치고

최준영 작사
임기훈, 최준영 작곡

보통 빠르게

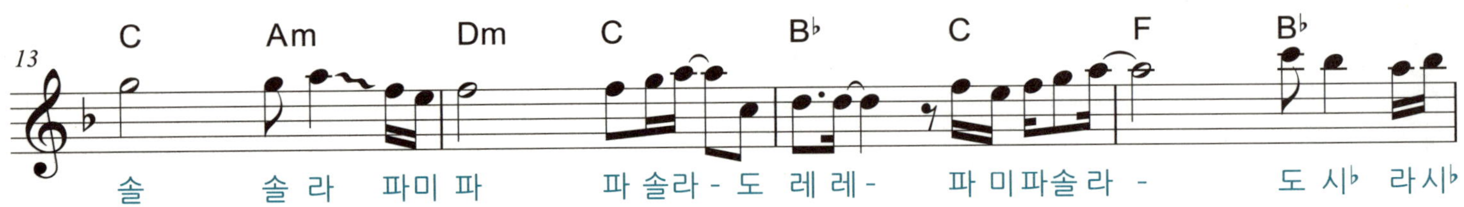

C   Am   Dm   C   B♭   C   F
솔   솔 라시♭- 라솔 파   파미 레도 레미파 - 솔라솔 파미 파
D.S.al Coda

B♭   C   F   B♭   C   A   Dm
레 미파 - 미파미 파솔 라 -   라 라 시♭파 솔   솔 솔#라 파미 파   파 솔라 - 도

B♭   C   F   B♭   C   Am   Dm   C
레 레 - 파 미파도 라   라 시♭도 - 레 라솔 - 솔 라시♭- 라솔 파   파미 레도

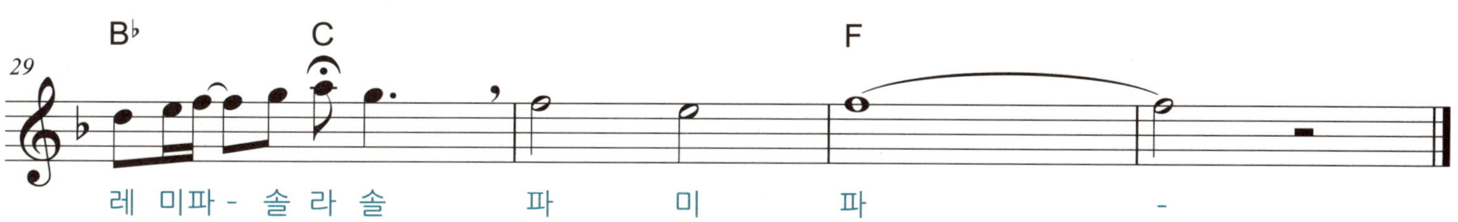

B♭   C   F
레 미파 - 솔라 솔   파   미 파   -

A Lover's Concerto

S. 린저 · D. 랜델 작사, 작곡

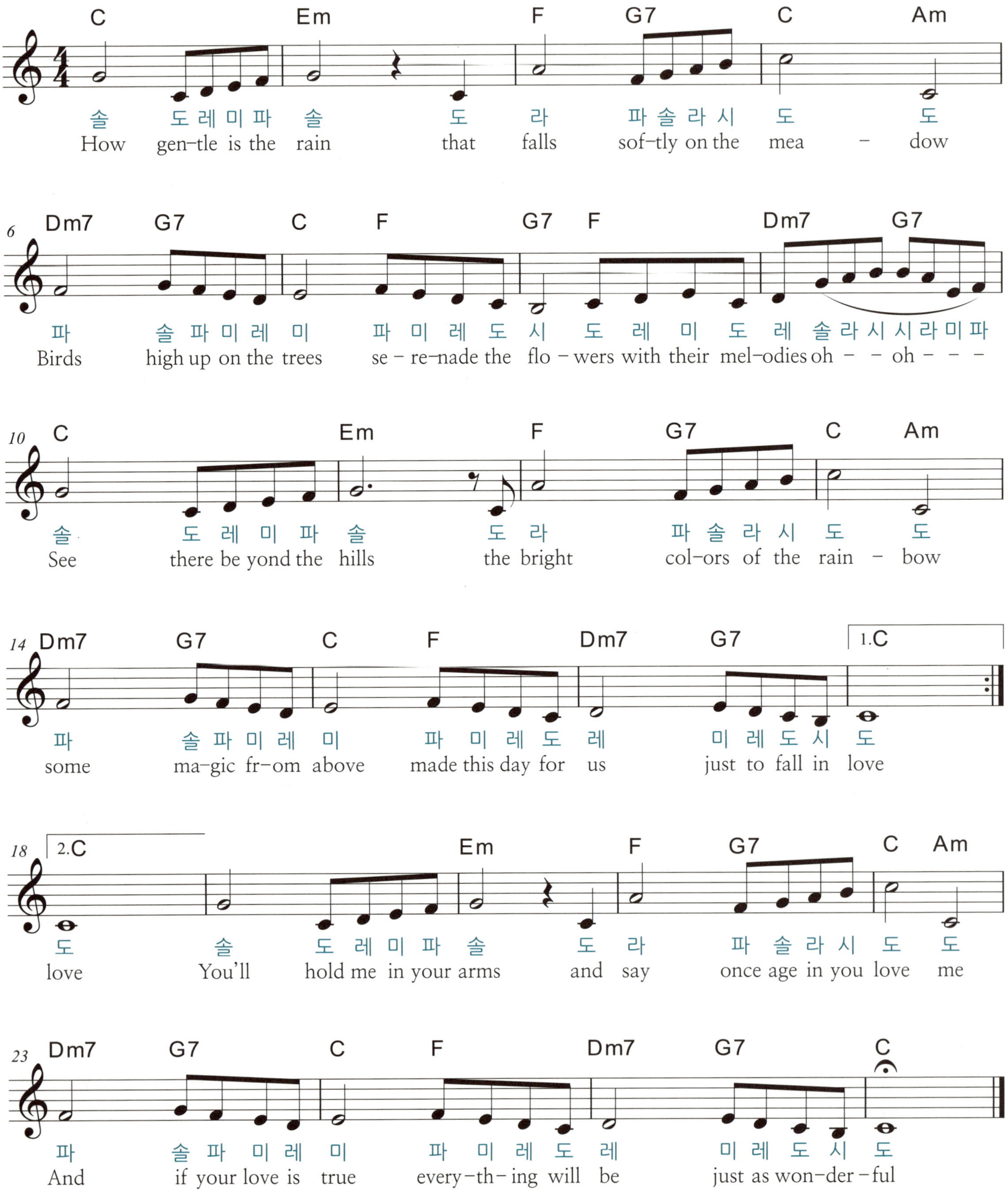

Autumn Leaves

J. 프레베르 작사
J. 코스마 작곡

바다가 보이는 마을

마녀 배달부 키키 OST

히사이시 조 작사, 작곡

보통 빠르게

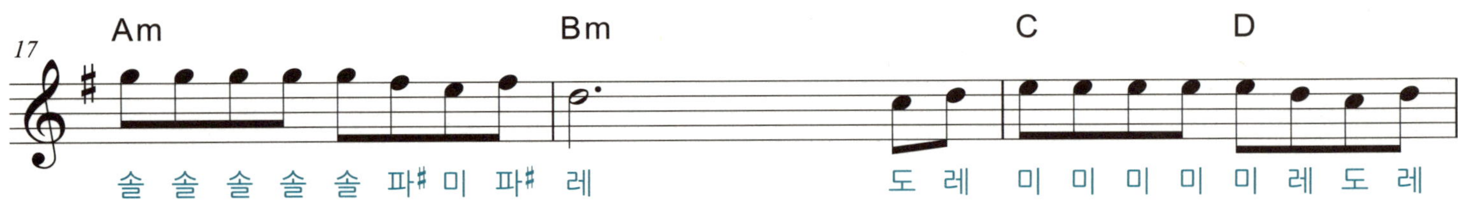

G   Am   D   Bm   Em
시   시   솔#라도미레   도   라#시레 파#라 솔 파#솔

Am   B
시 라 미 레   시 라 미   파#   시

Em   Bm   C   G   Am   D   G   B
솔   시 파#   시 미   레도레   라도미솔 파#레시라   시   시

Em   Bm   C   G   Am   D
솔   시 파#   시 미   레도레   시   라도미솔라시파#레

Em   Am   Bm   Em
미   솔 파# 미미미솔라시파#레   미

인연

이선희 작사, 작곡

보통 빠르게

시 라시시 - 시라시시 - 라시레시 - 레 솔 파#미 - 레시레미
약 속해요 - 이순간이 - 다 지 나 고 - 다 시 보 게 - 되는그날

- 레 솔 파#미 - 레시 시 라솔미시시 시 라솔미 - 시라 솔라
- 모 든걸버 - 리고 그 대곁 에 서서 남 은길을 - 가 리 란 -

- 솔 시 레 미 미파# 레미 - 미 시레미 솔라 솔 라솔
- 걸 인연 이 라고 하 - - 죠 거부 할 수가 없
이 라고 하 - - 죠 거부 할 수가 없

- 미 미 파#솔 솔 파라 솔파# - 솔 솔 파#솔 - 미 시
- 죠 내생 애 이 처 럼아 - 름 다운날 - 또 다
- 죠 내생 애 이 처 럼아 - 름 다운날 - 또 다

라 솔솔 미시라시 - 파# - 시레미 미 파# 레미
시 - 올 수 있을까 - 요 - 고 달 픈 삶 의 길 -
시 - 올 수 있을까 - 요 - 하고 픈 말 많 지 -

미 미 시레미 솔라 - 솔솔 라솔 - 미 미시
에 당신은 선물 - 인 - 걸 이사
만 당신은 아실 테 - - - 죠 먼길

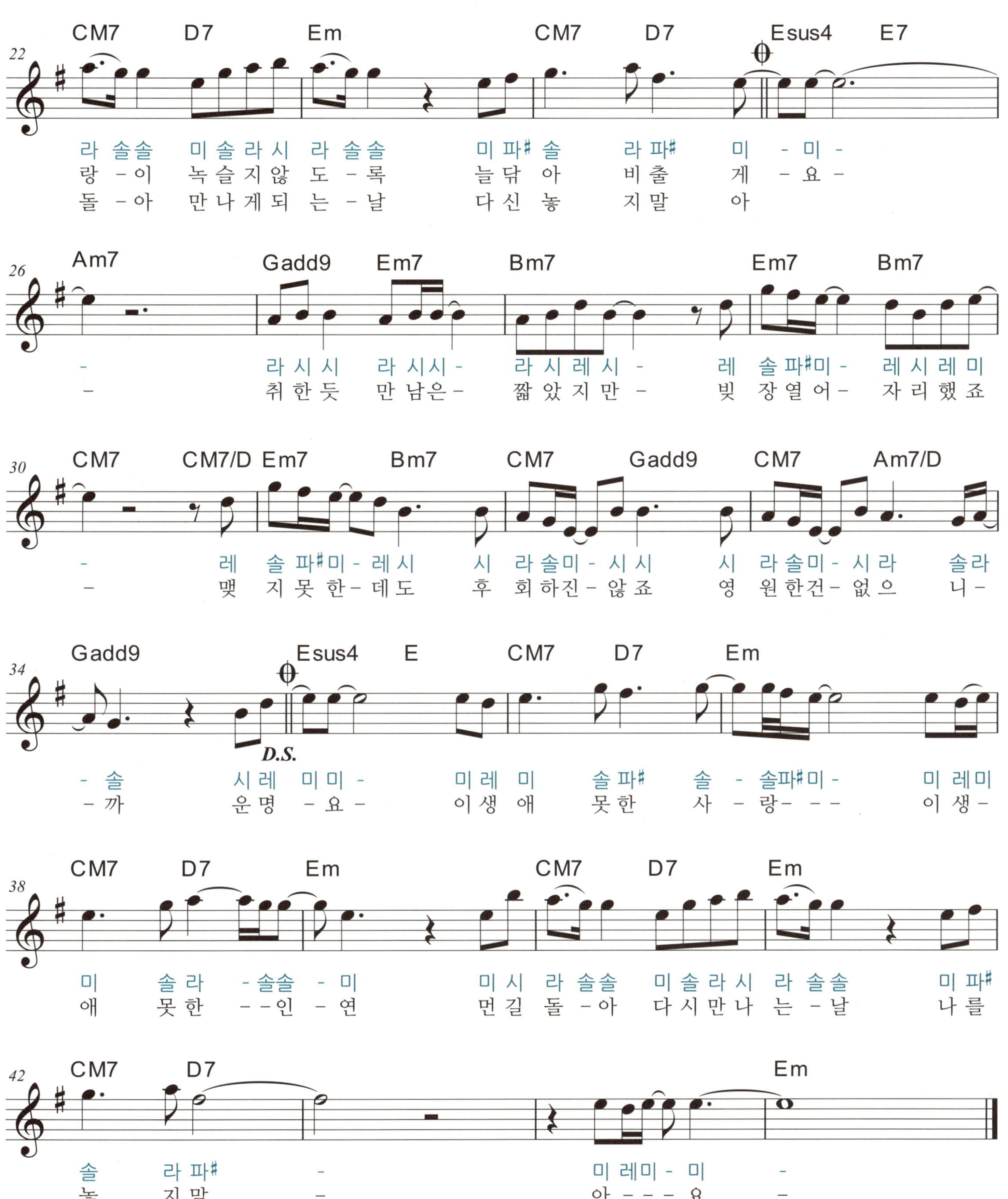

CM7 D7 Em CM7 D7 Esus4 E7
라 솔솔 미솔라시 라 솔솔 미 파# 솔 라 파# 미 - 미 -
랑 - 이 녹슬지않 도 - 록 늘 닦 아 비출 게 - 요 -
돌 - 아 만나게되 는 - 날 다 신 놓 지 말 아

Am7 Gadd9 Em7 Bm7 Em7 Bm7
라 시 시 라 시 시 - 라 시 레 시 - 레 솔 파#미 - 레 시 레 미
- 취 한 듯 만 남 은 - 짧 았 지 만 - 빛 장 열 어 자 리 했죠

CM7 CM7/D Em7 Bm7 CM7 Gadd9 CM7 Am7/D
레 솔 파#미 - 레 시 시 라 솔미 - 시시 시 라 솔미 - 시라 솔라
맺 지 못 한 - 데 도 후 회 하 진 - 않 죠 영 원 한 건 - 없 으 니 -

Gadd9 Esus4 E CM7 D7 Em
솔 시 레 미 미 - 미 레 미 솔 파# 솔 - 솔파#미 - 미 레 미
D.S.
- 까 운 명 - 요 - 이 생 애 못 한 사 - 랑 - - - 이 생 -

CM7 D7 Em CM7 D7 Em
미 솔 라 - 솔솔 - 미 미 시 라 솔솔 미솔라시 라 솔솔 미 파#
애 못 한 - - 인 - 연 먼 길 돌 - 아 다 시 만 나 는 - 날 나 를

CM7 D7 Em
솔 라 파# - 미 레 미 - 미 -
놓 지 말 - 아 - - - 요 -

Careless Whisper

도 도 도 시시-라라 라
도 라 도 라 레 도 시 라
도 도 시시-시라 라
시 시 -라솔라솔
도 도 도 시 시 -라라라
도 라 도 라 레 도 시 라
도 도 시 시 -라라 라
시 시 -라 솔라솔
도도도 시시-라라 라
도 라 도라 레 도 시라
도 도 시시-라라 라
시시 라시도 시 시라-
-솔 솔 파-
라 미솔-라-
미 레-
레 도 시라라미-
미 레 도 시
라시도 레미-
라시도 라솔 파-
미 파 미 파 미 파미-
시 시 도 레 도 레도
도도도 시시-라라 라
도 라 도라 레 도 시라
도 도 시시-라라 라

1.Em
2.Em
Am
시 시 -라솔라솔
시 시 라시도
시 시 라미미 도시 - 라 미도
Dm
F
Em
솔 파도- 라솔- 파도-
파 미 도 라파-
미 파 솔 라 시 도 레 미
Am
F
1. Am   F
미 레 레 도 미 레도-
레#레♮도 라 레#레레 도라
도도 도레 레#레 도라
Em
2.Dm
Am   Em
시라시라시 라 시 도레-
라 솔 - 파 -레 미 레 도 시
Am
F
Am
도 도 시시 라라 라
도 라 도라 레- 도 시 라
도 도 시시 도도 도
Em
Am
F
시시   -라솔라솔
도도도 도 시시- 라라라
도 라 도라 레- 도 시 라
Am
Em
Am   Dm
도 도 시시 라라 라
시시 라시도 시 시 라- -솔 - 파 -
Dm   Em
Am
Dm
미파솔라시도레미 시 라미- 도시 라 미도 솔 파도- 라솔- 파도-
F
Em
Am
파 미 도 라파-
미 파 솔 라 시 도 레 미 라

Cinema Paradiso

Dying Young

Dm7/C   G7   C   Am
레 솔 - 시 도시 - -라미 솔   라 미 - -라도
E7   F   G7   C   Em7
시 미미   도 시 라 시라솔 -라도 레   미 파 솔 - 미파솔라 미파
F   G7   C   Em7/C   Dm7   G7sus4
솔 파미레 - 미레도 레도 미   - 도레미   레미 파   미레도 레 라 솔미
C   Em7   F   G7   Am   Em7   Dm7   G7
솔 라미솔라 미파 솔   파미레 - 미레도 레도 미   라솔 - 미레 도   - 레미레 미 미 솔미
F   C   F   C   Em7
라 - 라시도   라 솔미솔라 도 라   라시도레 미 레도 라 솔   미 솔라 도
F   G7   D♭   G7sus4   G7
솔 파 도 레도시도 시♭ 솔 마♭ 파 미파레   마♭레솔라 도 도   - 라 솔 미레

C   Dm7/C   G7   C
도 솔 - 솔 레 솔 -   시 도 시 - - 라 미 솔

Am   E7   F   Dm   G
라 미 - - 라 도 시   미 미   도 시 라 시 라 솔 - 라 도 레   파 미 레 도 레 미 파

C   Em7   F   G7   C   Em7
솔 - 미 파 솔 라   미 파 솔   파 미 레 - 미 레 도 레 도 미   - 도 레 미   레 미

Dm7   G7sus4   C   Em7   F   G7
파 - 미 레 도 레 라 솔 미 솔 라   라 미 솔 라   미 파 솔   파 미 레 미 레 도 레 도

Am   Em7   Dm7   G7   C   Am   F   G7
미 - 라 솔   미 레 도 레   미 레 도   시 도   도 - 미   레   도 레 시 -

C   Am   F   G7   C
도 도 솔 라 도 미 레   도 레 시 라 솔 - 파 솔 미 - -

Gabriel's Oboe

느리게

Fly me to the Moon

B. 하워드 작사, 작곡

조금 빠르게

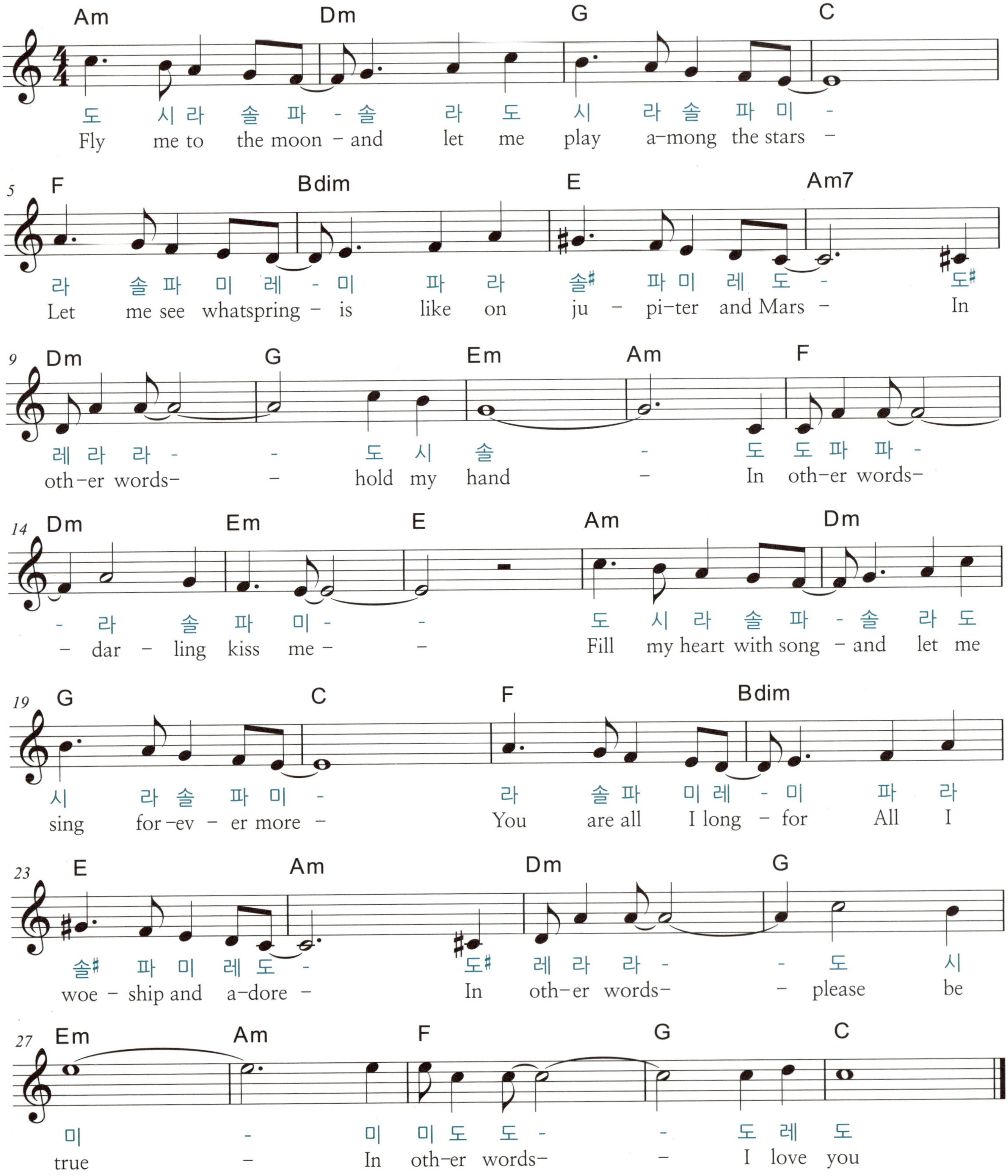

Jingle Bell Rock

조 빌 · 짐 부스 작사, 작곡

Going Home

W. 아파나시에프 · 케니 지 작곡

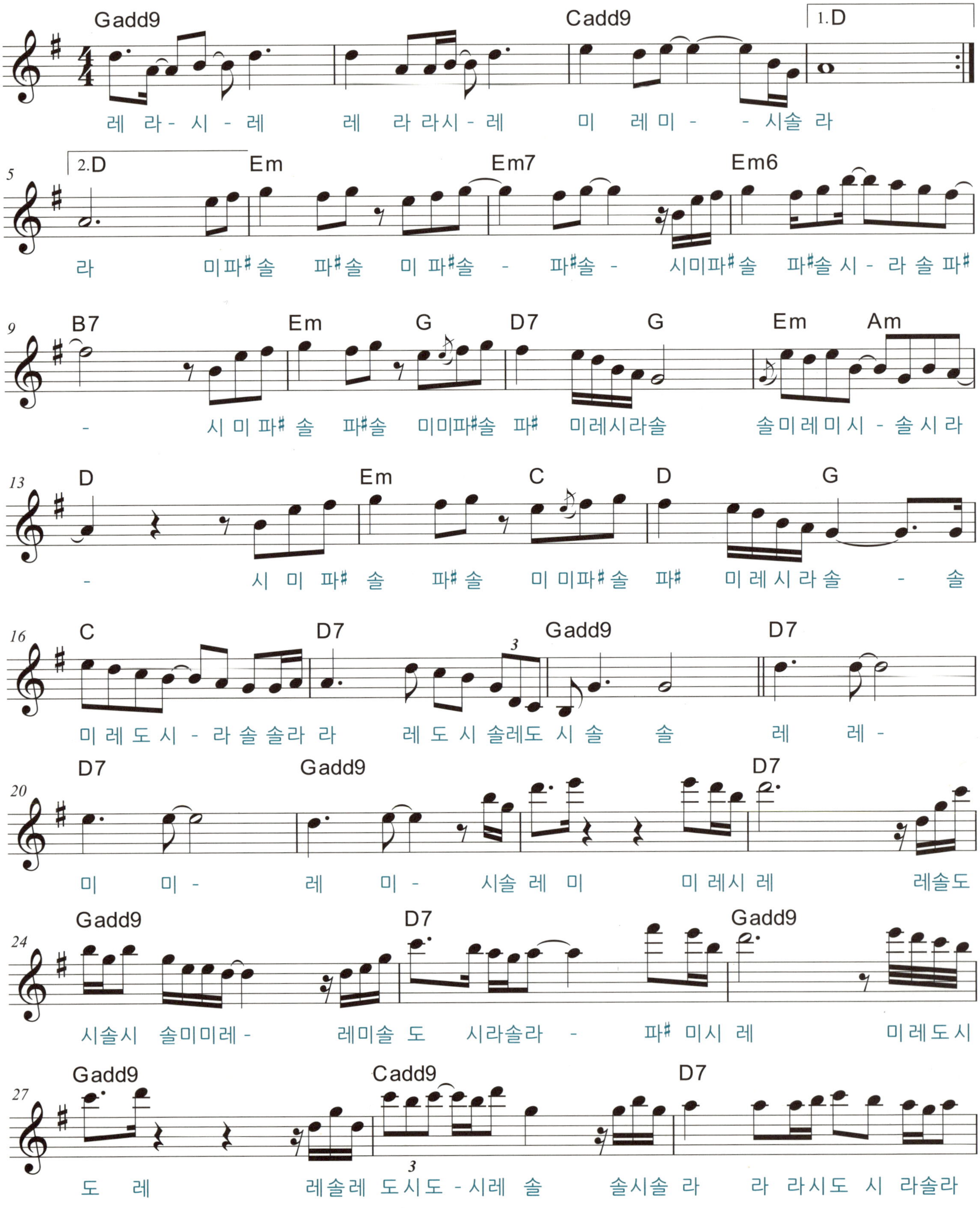

Gadd9
Cadd9
솔라솔   시 라 파#- 미 레시 레 시레-시레시 도시 도시 솔솔 - 레솔도
Gadd9
Cadd9
시솔시 솔레도시- 솔 레솔도 시솔시 솔파# 미레   레솔도 솔 라시솔 라 미-
C   B7   Em7   Em
도 시 라 솔라 시 미 파# 솔   파#솔 - 시미파#솔   파# 솔 -   시미파#
Em6   B7   Em   G   D7   G
솔 파#솔시 - -라솔 파#   시 미 파# 솔   파#솔 - 미 파#솔 파# 미레시라솔
Em   Am   D   Em   D7   Em
솔 미레미시 -라솔라 -   시 미 파# 솔 파#솔- 파#솔라 - 파# 미레시레 미 솔
3
C   D   Gadd9
미 레 도 시 -라 솔라 - 시 라 시도레 -   -
D   Gadd9
-              레   레 -   레 라시 -레   레 라시 -레
Cadd9   1.D   2.G
미 레미- 시솔 라 - 시라도시솔 - 솔   -

Love of my Life

보통 빠르게

G　Em　Am
솔 파#솔 레 -　솔 파#미 미　미 도 시 도 미 - 미
Love of my life -　You hurt - me　You broken- my heart -　and

D　G　C
레 레 레 도　라 솔 라 미 - 레 미 미　도 시
Now you leave me　Love of my life - can't you see　Bring it

Am　Em　F　C　F　Em　Am
도 도 라 시　시 도 시 라 라 - 솔 미 레　도 솔 도
back bring it back　Don't take it away - - from me Be　cause you don't

Dm　G　C
미 레 -　라 솔 라 도 도
know - -　what it means to me

G　Em　Am
솔 파#솔 레 -　솔 파#미 미　미 도 시 도 미 - 미
Love of my life -　You hurt - me　You've stolen- my love -　and

D　G　C
레 레 레 도　라 솔 라 미 - 레 미 미　도 시
you now desert me　Love of my life - can't you see　Bring it

Am　Em　F　C　F　Em　Am　Dm
도 도 라 시　시 도 시 라 라 - 솔 미 레 도 솔 도 미 레
back bring it back　Don't take it away - - from me Be cause you don't know -

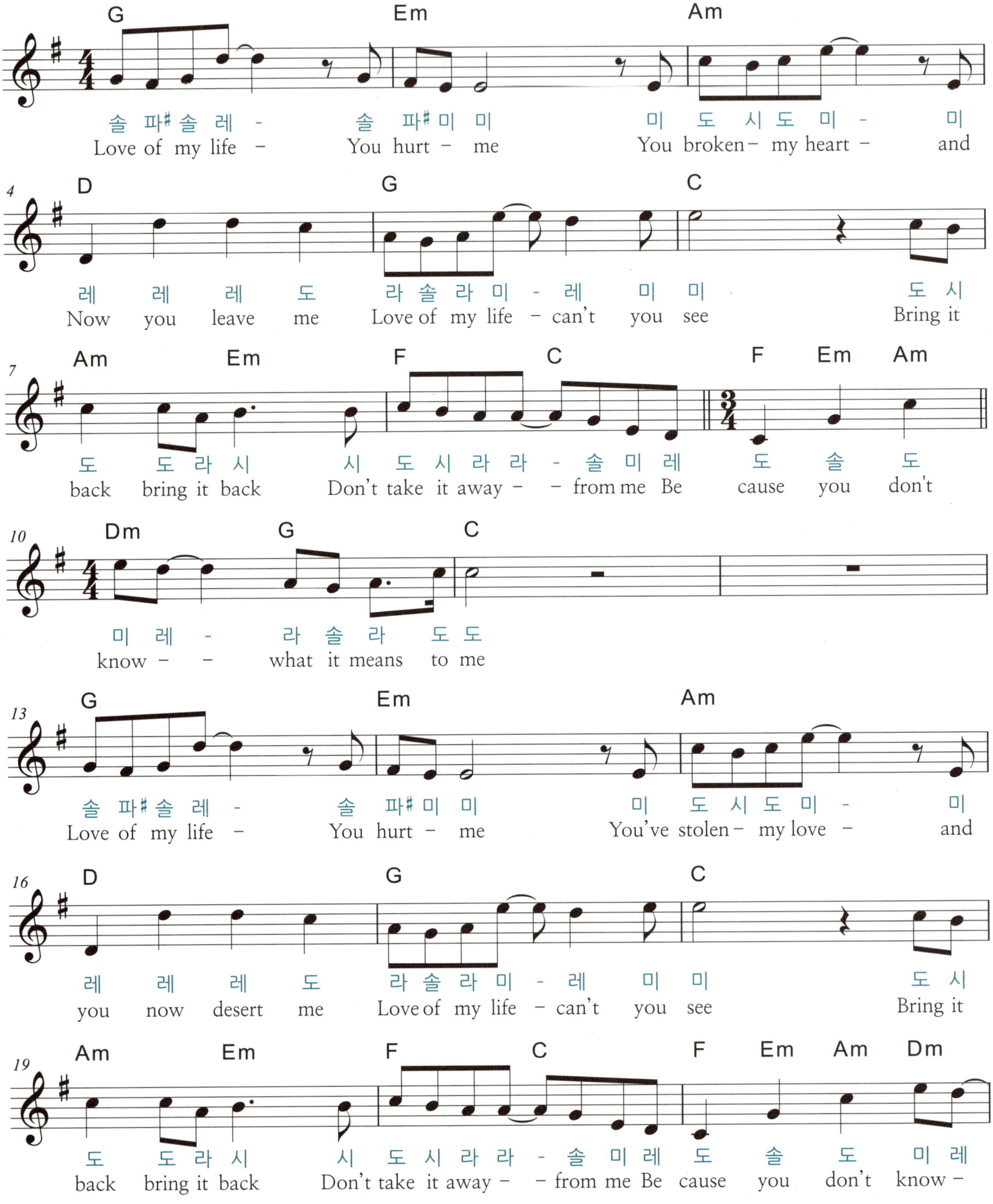

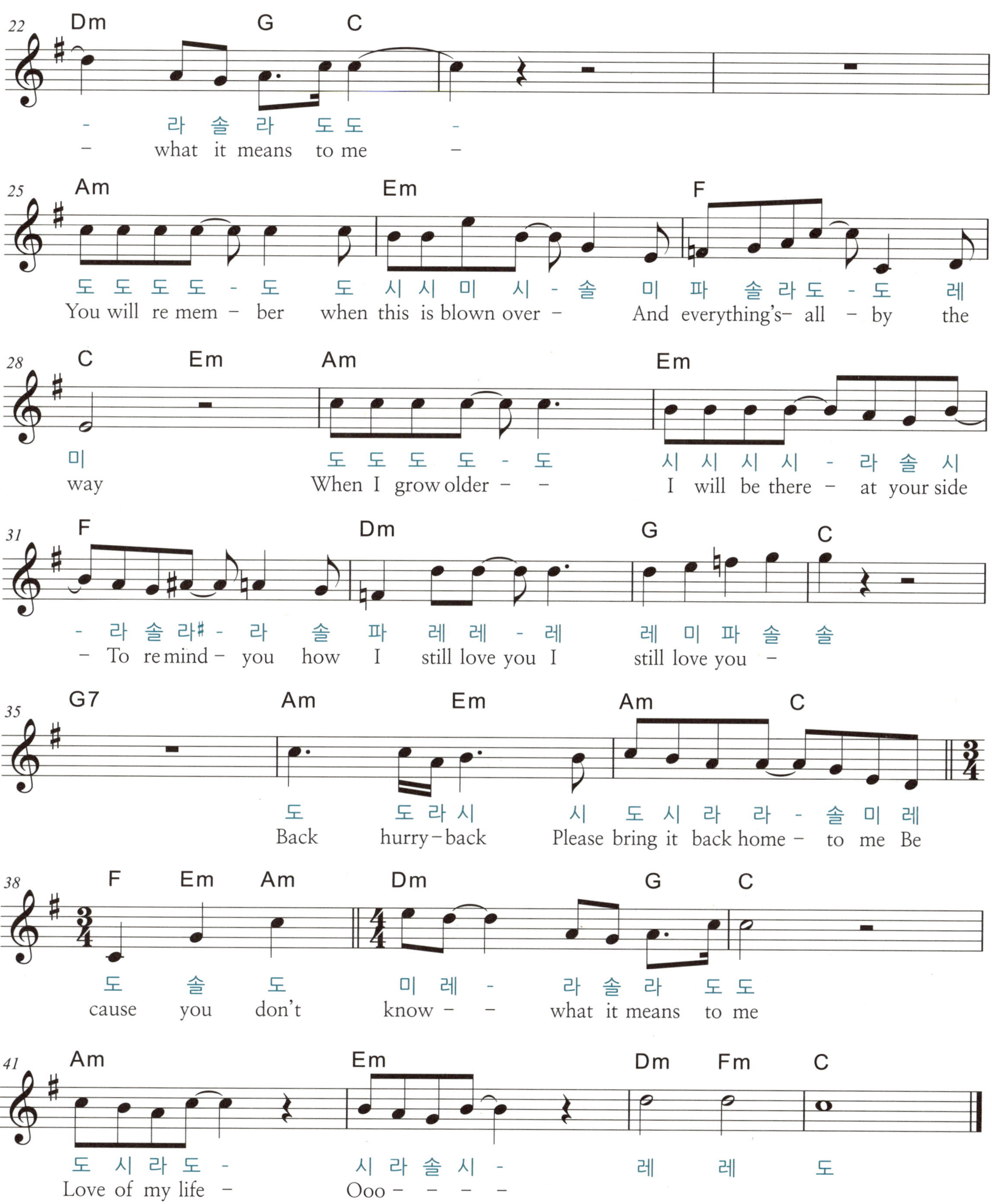

22 Dm G C
라 솔 라 도 도
– what it means to me –

25 Am Em F
도 도 도 도 – 도 도 시 시 미 시 – 솔 미 파 솔 라 도 – 도 레
You will re mem – ber when this is blown over – And everything's– all – by the

28 C Em Am Em
미 도 도 도 도 – 도 시 시 시 시 – 라 솔 시
way When I grow older – – I will be there – at your side

31 F Dm G C
– 라 솔 라# – 라 솔 파 레 레 – 레 레 미 파 솔 솔
– To re mind – you how I still love you I still love you –

35 G7 Am Em Am C
도 도 라 시 시 도 시 라 라 – 솔 미 레
Back hurry – back Please bring it back home – to me Be

38 F Em Am Dm G C
도 솔 도 미 레 – 라 솔 라 도 도
cause you don't know – – what it means to me

41 Am Em Dm Fm C
도 시 라 도 – 시 라 솔 시 – 레 레 도
Love of my life – Ooo – – – –

Only You

B. 램 · A. 랜드 작사, 작곡

보통 빠르게

D.S. al Coda

The Whole Nine Yards

요시마타 료 작곡

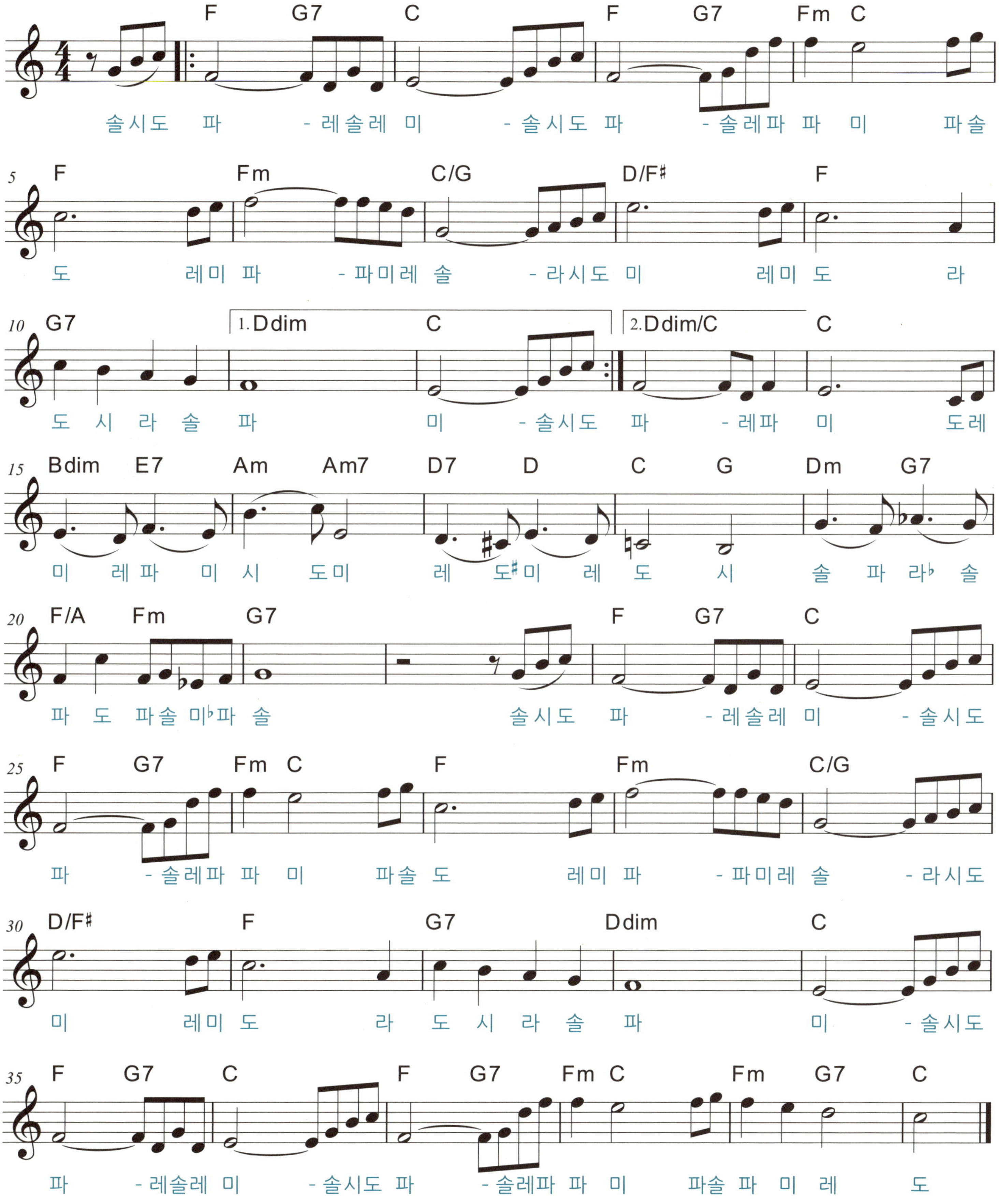

Part 1

La Bamba

R. 밸런스 작곡

조금 빠르게

La Bamba

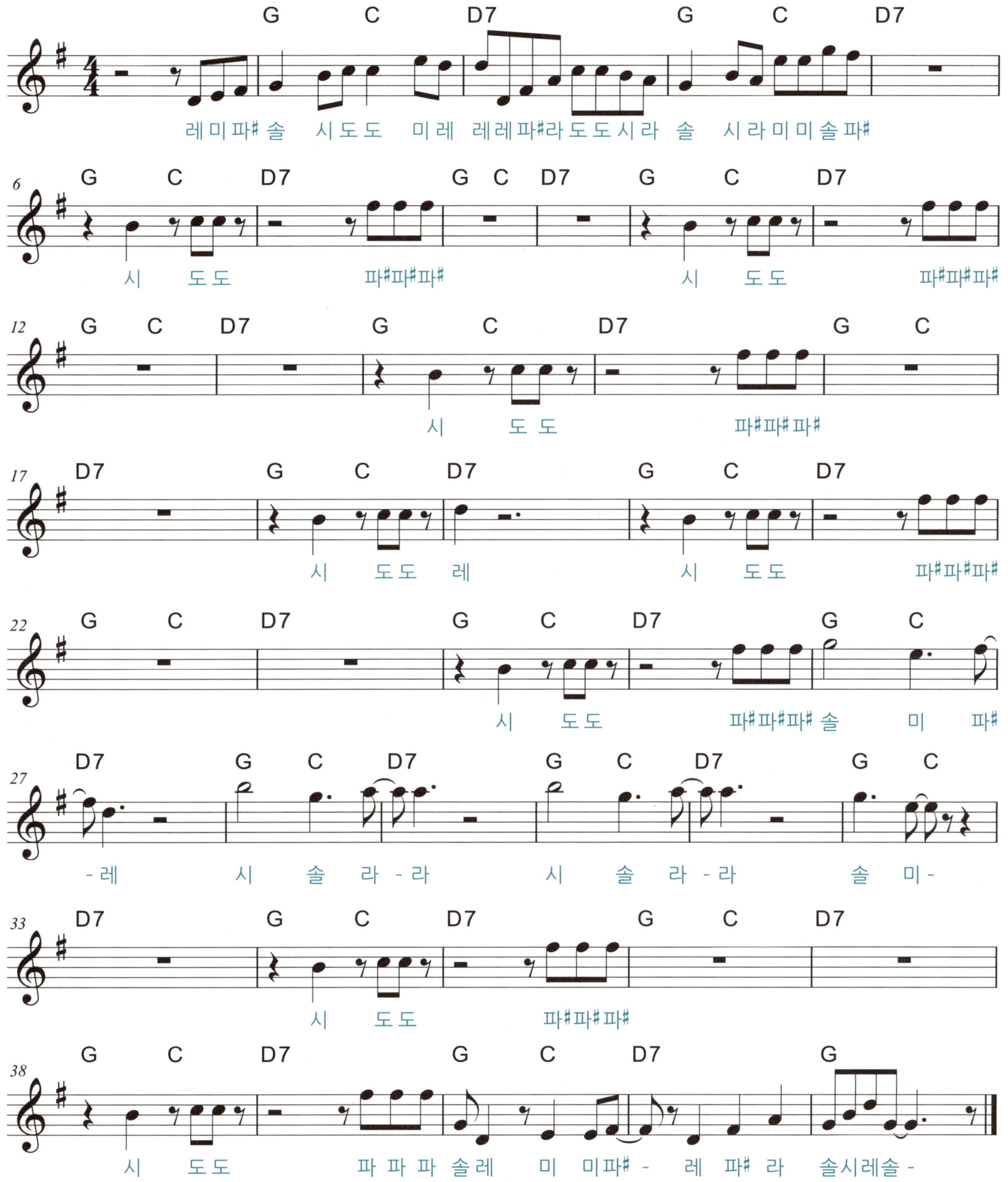

G C D7 G C D7
레 미 파# 솔 시 도 도 미 레 레레파#라 도 도 시 라 솔 시 라 미 미 솔 파#
G C D7 G C D7 G C D7
시 도 도 파#파#파# 시 도 도 파#파#파#
G C D7 G C D7 G C
시 도 도 파#파#파#
D7 G C D7 G C D7
시 도 도 레 시 도 도 파#파#파#
G C D7 G C D7 G C
시 도 도 파#파#파# 솔 미 파#
D7 G C D7 G C D7 G C
-레 시 솔 라 -라 시 솔 라 -라 솔 미-
D7 G C D7 G C D7
시 도 도 파#파#파#
G C D7 G C D7 G
시 도 도 파 파 파 솔 레 미 미 파# - 레 파# 라 솔 시 레 솔 -

Part 1

사랑의 인사

E. 엘가 작곡

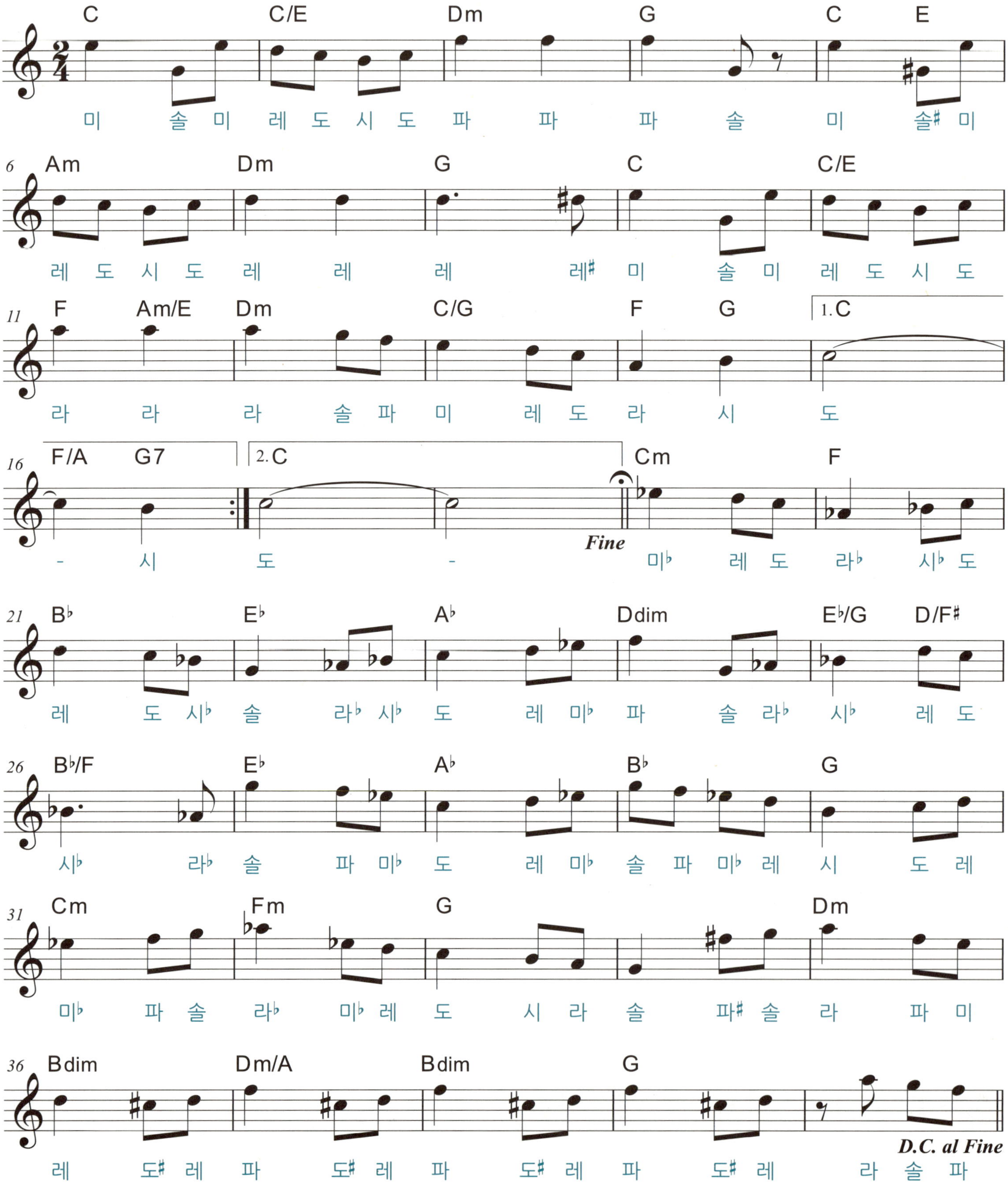

사랑의 인사

Part 1

찔레꽃

김영일 작사
김교성 작곡

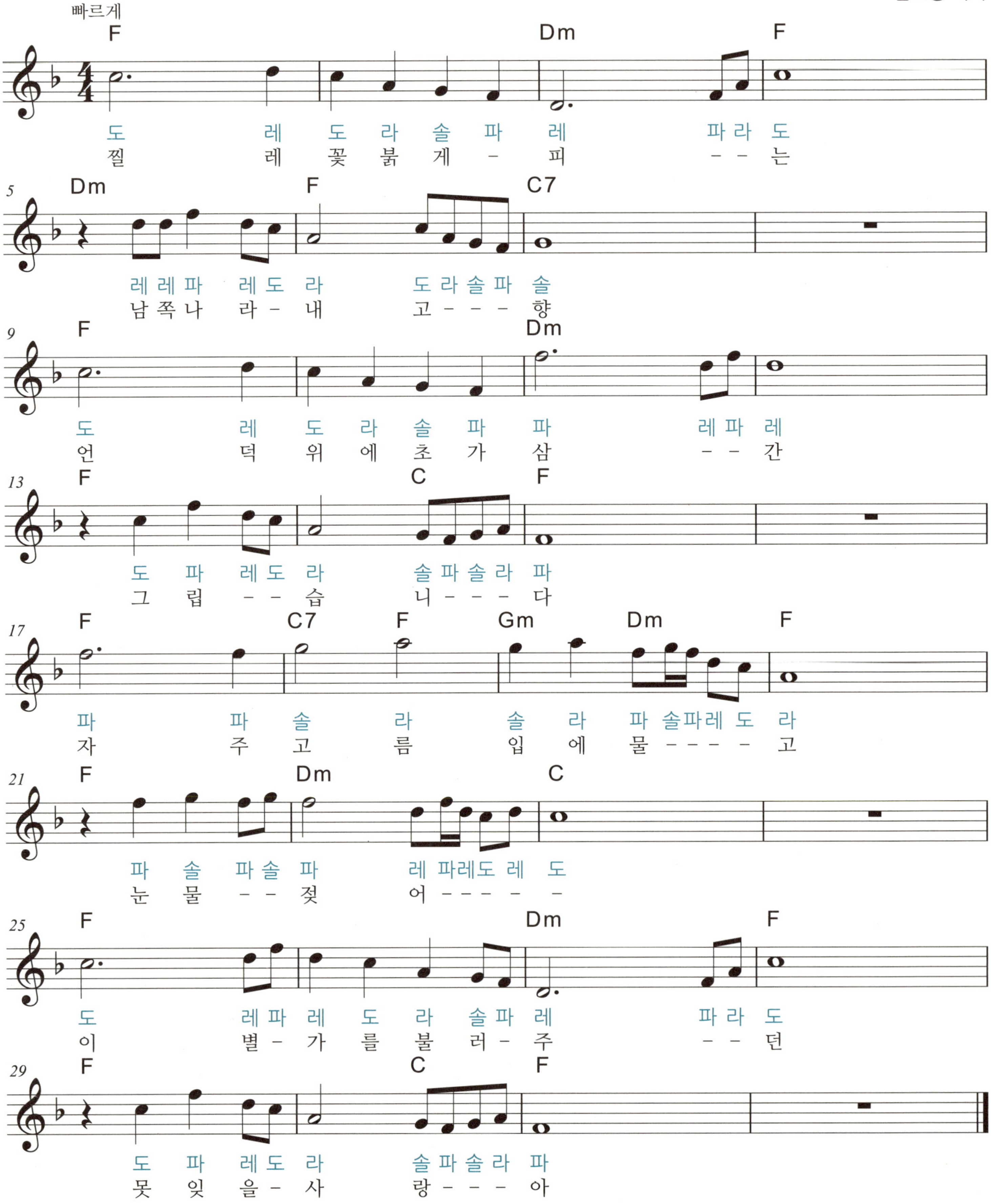

찔레꽃

찔레꽃

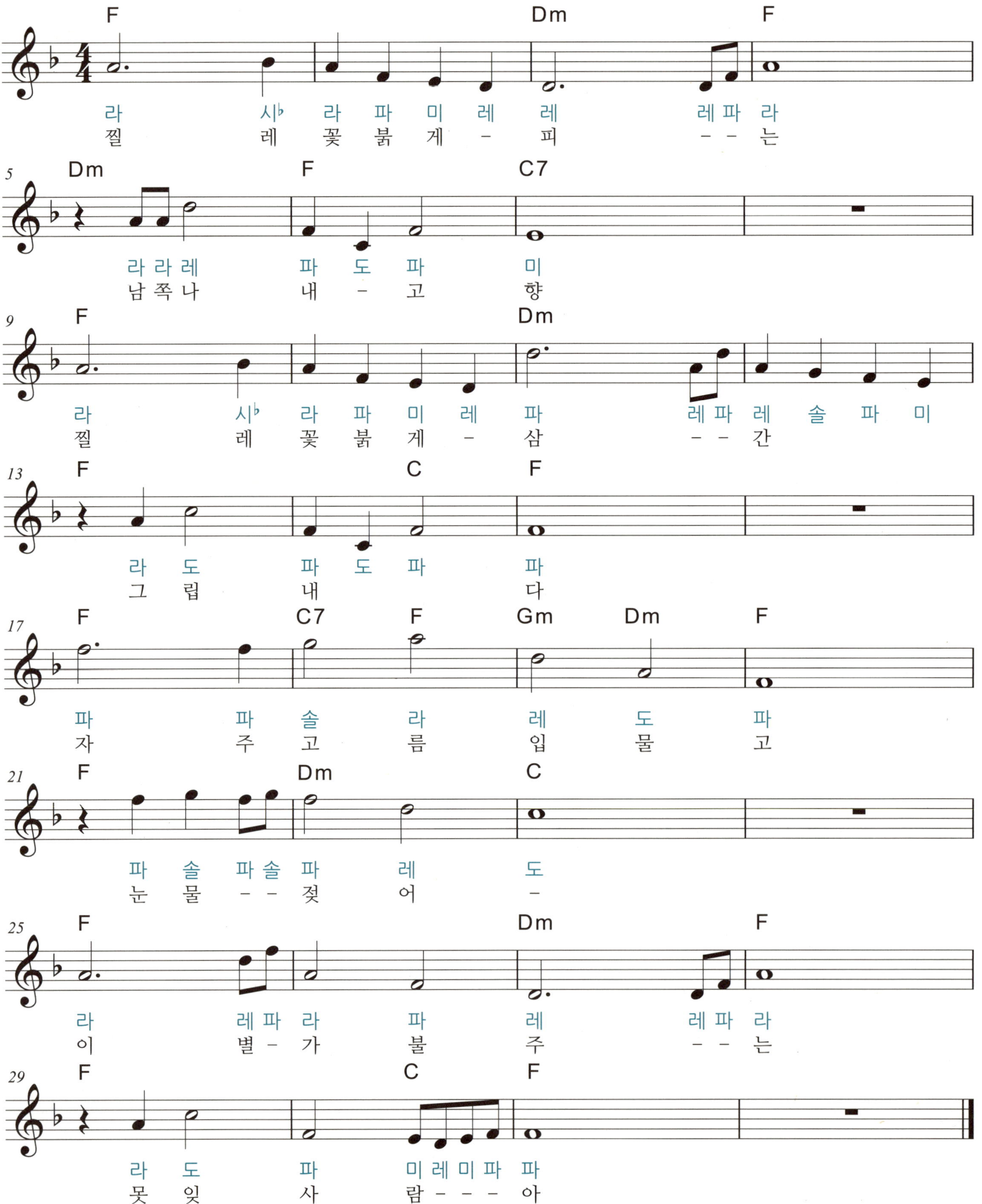

라 시♭ 라 파 미 레 레 레파 라
찔 레 꽃 붉 게 - 피 - - 는
라 라 레 파 도 파 미
남 쪽 나 내 - 고 향
라 시♭ 라 파 미 레 파 레파 레 솔 파 미
찔 레 꽃 붉 게 - 삼 - - 간
라 도 파 도 파 파
그 립 내 다
파 파 솔 라 레 도 파
자 주 고 름 입 물 고
파 솔 파솔 파 레 도
눈 물 - - 젖 어 -
라 레파 라 파 레 레파 라
이 별 - 가 불 주 - - 는
라 도 파 미 레미 파 퐈
못 잊 사 람 - - - 아

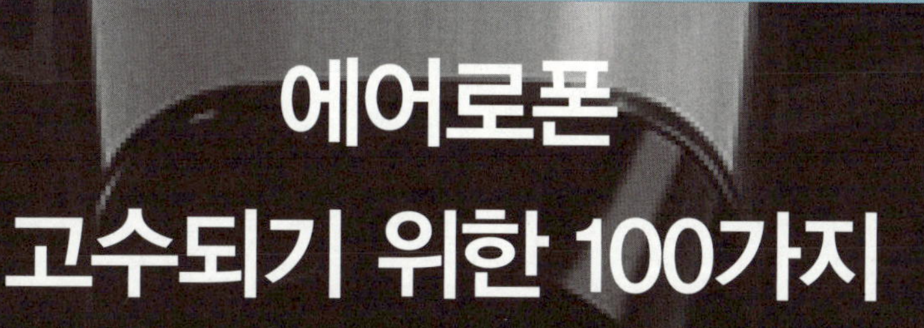

에어로폰
고수되기 위한 100가지

에어로폰 고수되기 위한 100가지 Q&A

연주

1. 마우스피스를 물 때 입모양을 쉽게 연습할 수 있는 방법이 있나요?

먼저 "에" 입모양을 만든 후에 윗앞니 치아를 마우스피스 위에 올려놓으면 됩니다. 전자 관악기이다 보니 앙부슈어에 얽매이기보다는 본인에게 편안한 포지션을 찾는 게 중요합니다.

2. 에어로폰 연주 시 감정 표현 테크닉을 잘 할 수 있는 방법은 무엇일까요?

프레이싱 호흡법과 p(작게), f(크게)를 사용하는 연주법이 있습니다.

3. 색소폰처럼 리드로 밴딩도 가능한가요?

메뉴에서 Bite ctrl mode에서 sax를 선택하면 리드의 무는 힘으로 밴딩을 할 수 있습니다.
정확한 음정이 나지 않을 경우 악기 하단의 피치 레버를 이용하는 방법을 추천드립니다.

4. 기본음 값이 높을 때는 어떻게 하면 될까요?

메뉴에서 옥타브를 조절한 후, 유저 항목에 저장해서 사용하면 됩니다.

5. 피치 설정은 몇으로 하나요?

현대의 표준 음높이는 440이며, 에어로폰도 그렇게 설정되어 있습니다.
오케스트라 연주 시에는 442.0HZ를 추천합니다.
메뉴에서 마스터 튜닝 숫자를 440에서 442로 올려주세요.

6. AE-20, 30 즐겨찾기 하는 방법

원하고자 하는 음색을 설정한 후 MENU를 길게 3초간 누르게 되면 User와 Favorite이 나오는데 Favorite을 클릭합니다.
 (−) (+) 버튼으로 원하는 번호 또는 원하는 번호의 노브를 돌려 조절한 후 MENU를 길게 눌러 저장합니다.

7. 연주 도중 음색을 빠르게 바꾸고 싶어요.

악기를 블루투스로 앱에 연결, 앱에서 다른 음색을 선택해 변경할 수 있습니다.
또 별도로 판매하는 풋 컨트롤러로 신을 전환할 수 있습니다.(BOSS FS-1WL)

8. AE-20 ,30 즐겨찾기 한 악기로 바로바로 소리 내고 싶어요.

(▲,▼) 중 (▲)를 누른 상태에서 [SCENE CATEGORY] 노브를 돌리면 즐겨찾기에 등록된 악기들로 바로 연주 가능합니다.

9. AE-10 악기 찾는 게 너무 답답하고 어려워요.

TONE 버튼을 누르면서 동시에 (◀, ▶) 총 3개의 버튼을 동시에 누르면 빠르게 번호들을 읽을 수 있습니다.

TONE 버튼을 누르면서 동시에 썸 컨트롤러를 누르면 10개 단위로 번호를 바꿀 수 있습니다.

10. AE-10 즐겨찾기 하는 방법

설정할 악기를 선택 후 MENU 버튼을 길게 누르면 화면에 Write to 가 나옵니다.

저장할 곳을 (◀, ▶)로 선택 후 MENU 버튼을 눌러 확정합니다.

11. AE-10 즐겨찾기 한 음색을 나만의 이름으로 바꾸는 방법

즐겨찾기에 확정된 음색에 다시 MENU 버튼을 누르면 이름을 붙일 수 있습니다.

• 초승달 UP, DOWN 버튼은 문자를 변경해 주는 버튼

• FUNCTION은 문자를 지우는 버튼

 나만의 이름을 설정한 후 MENU 버튼을 누르면 Write가 나오며 Y (YES)를 클릭하여 저장합니다.

12. Scene Chorus는 뭔가요?

소리의 농도를 말합니다. 0-40이 적당합니다.

13. 운지 방법이 불편합니다. 변경할 수 있나요?

기본적으로 색소폰 운지를 사용하고 있으나 리코더, 플루트, 클라리넷, EWI, 트럼펫, 왼손 연주, 오른손 연주
등의 기능을 제공하고 있어 본인의 취향에 맞게 변경하여 사용할 수 있습니다.

14. 에어로폰은 호흡을 멈춰도 길게 소리나게 하는 기능이 있다던데요?

1) AE-10 : 메뉴 버튼을 눌러 Hold를 On으로 설정하면 소리 낸 음이 호흡을 하지 않아도 음이 계속 지속되면서
들립니다. 멈추려면 숨을 빨아들입니다.

2) AE-20, AE-30 : 메뉴 버튼을 눌러 Hold Mode로 들어간 뒤 Breath로 설정해 주면 소리 낸 음이 호흡을 하지
않아도 음이 계속 지속되면서 들립니다. 멈추려면 숨을 빨아들입니다.

– AE20, AE30에는 불지 않고 키만 눌러도 소리가 나는 기능이 있습니다. 메뉴 버튼을 눌러 Hold Mode로 들어간 뒤 Key 버튼을 눌러주면 운지법에 따라 음이 나오게 됩니다.

15. 점점 여리게 decresc(데크레센도)가 되지 않고 호흡량을 줄이면 악기 소리가 뚝 하고 끊깁니다.

메뉴 버튼을 눌러서 Breath Adjust (호흡 조정)을 합니다. 1-50까지 돼있으며 숫자가 높아지면 더 세게 불어야
소리가 납니다. 숫자를 아래로 내리면 적은 호흡으로도 소리가 나기 때문에 점점 여리게를 적은 호흡으로 할 수
있습니다. (AE-10, AE-20, AE-30공통)

16. 손이 작아서 사이드 키를 자꾸 누르게 됩니다. 사이드 키를 잠글 수 없나요?

Fingering mode에서 리코더(Recorder) 운지법을 사용하면 측면 키가 비활성화되어 소리가 나지 않게 됩니다.

17. 악기 소리가 예쁘게 나지 않고 듣기 싫게 납니다.

Breath Curve를 호흡량에 맞춰 설정해 주세요.

호흡의 힘이 너무 센 경우 악기 소리가 찢어지는 소리가 나기도 합니다.

Breath Curve를 높은 단계로 올려 주세요.

  1) AE-10 : L3-L1, M, H1-H3 (H로 갈수록 높은 단계)

  2) AE-20, AE-30 : L5-L1, M, H1-H5 (H로 갈수록 높은 단계)

18. 호흡이 잘 안돼서 음을 지속하기 힘들고 악기 연주가 힘들어요.

Breath Curve를 호흡량에 맞춰 설정해 주세요.

호흡의 힘이 약한 경우 Breath Curve를 낮은 단계로 낮춰 주세요.

  1) AE-10 : L3-L1, M, H1-H3 (L로 갈수록 낮은 단계)

  2) AE-20, AE30 : L5-L1, M, H1-H5 (L로 갈수록 낮은 단계)

19. 현악기의 밴딩 스킬을 내는 방법이 있을까요?

썸 컨트롤러 (AE-10)나 피치 휠 (AE-20, 30)을 사용하면 됩니다. 위아래로 움직일 경우 피치 밴드로 동작하며 한 음 위/아래 음까지 피치를 올리거나 내려 밴딩 효과를 낼 수 있습니다.

20. 연주 중 고이거나 흐르는 침은 어떻게 해야 하나요?

외부로 흐르는 침은 제공되는 밴드로 흡수할 수 있으며, 마우스피스에 고여있는 침은 연주하지 않는 타이밍에 빨아드리거나 연주 중 빠른 호흡으로 내려보낼 수 있습니다.

기능

1. AE-10, AE-20, AE-30의 차이는 무엇인가요?

외형은 비슷하나 음색과 세부 기능에 차이가 조금씩 있습니다.

10은 40음색, 20은 260음색, 30은 300 음색이 내장되어 있습니다.

2. System 기능의 뜻은 무엇입니까?

악기의 전체 값을 설정할 때 적용되는 기능입니다.

3. Scene 기능의 뜻은 무엇입니까?

각 악기별로 설정값에 적용되는 기능입니다.

4. 작은 버튼 S1, S2는 무슨 기능을 하나요?

S1, S2는 악기 음색(소리)마다 다른 기능을 하며, 음색별로 아래 효과 중 하나가 할당되어 있습니다.
Vib(비브라토-울림을 만드는 주법), Harmony(하모니-화음), Growl(그로울-긁는 소리), Portamento(포르타멘토-한 음에서 음정이 다른 음으로 매끄럽게 이동), Unison(유니즌-동시에 같은 선율을 연주), Tremolo(트레몰로-빠르고 연속적으로 현을 팅기는 효과), Drone(드론-낮은 음이 지속적으로 웅웅거림), Pizz.(피치카토-현을 손가락으로 퉁겨 연주)

5. AE-30에 오른손 엄지 부분에 있는 버튼은 무엇인가요?

Thumb Pad 라고 하며, S2, S2 버튼과 마찬가지로 효과가 할당되어 있는 버튼입니다.
S1, S2는 한 번 누르면 기능이 동작, 한 번 더 누르면 기능이 해제되는 것과 달리 Thumb pad는 누르고 있을 때만 기능이 동작합니다.

6. 에어로폰 연주할 때 S1. S2기능을 실수로 누를 때에 이상한 소리가 나거나 악기 소리가 멈출 때가 있는데 어떻게 해야 하나요?

메뉴로 들어가서 S1, S2 스페셜 기능을 Off 하시면 됩니다.
Midi 모드에서 C1-1, C1-2, C2-1, C2-2 Func 기능을 모두 Off 하면 됩니다.

7. 에어로폰 악기를 켰을 때 사이렌 소리 또는 먹통(아무 기능이 작동되지 않을 때) 될 때가 있는데 왜 그런 건가요?

악기의 전원을 켜자마자 곧 바로 다른 기능들을 누르시게 되면 그런 현상이 생깁니다.
악기를 켜자마자 악기 이름 매뉴얼이 뜰 때까지 기다리셨다가 작동하면 됩니다.

8. 에어로폰 버튼만 누르고 입을 안 댔는데도 소리가 나요.

메뉴 중 홀드 모드에서 키 모드로 설정되어 있나 확인하세요.
Off로 설정하면 됩니다.

9. 2옥타브 키를 눌러도 2옥타브 음이 안 나와요.

메뉴 중 옥타브 키에서 설정값을 확인하세요. OCT3

10. 에어로폰이 일정 시간 후에 자동으로 꺼져요.

메뉴에 자동 꺼짐이 5분이나 30분으로 설정되어 있나 확인하세요.

11. 유저 신 등록한 후 선택이 안돼요. (AE-20, AE-30)

SCENE ▼ 버튼을 누른 상태에서 SCENE CATEGORY 노브를 돌려 유저 뱅크를 선택한 후 SCENE ▲▼ 버튼으로 유저 신을 선택하여 연주하면 됩니다.

12. 페이버릿 신 등록하는 방법은요? (AE-20, AE-30)

1) 페이버릿 신으로 등록하고 싶은 Scene에 노브를 맞춰 놓습니다.

2) MENU 버튼을 길게 누르고 Write Scene이 깜박이면 [+] 버튼으로 Favorite을 선택합니다.

3) SCENE CATEGORY 노브로 유저 뱅크를 선택한 후 [−] [+] 버튼으로 현재 선택된 신을 페이버릿 신 몇 번에 등록할 것인지를 선택합니다.

4) MENU 버튼을 누르면 음색 편집 화면이 표시되고 신의 이름을 편집합니다.

(편집하지 않으려면 NO) 저장하려면 [+] ◀ 버튼, 저장하지 않는 경우는 [−] ▶ 버튼을 누릅니다.

저장이 완료된 경우 선택한 유저 신이 표시됩니다.

− SCENE CATEGORY 노브 1∼12까지의 뱅크에 12개의 페이버릿 신 등록 가능.

13. 페이버릿 신 등록한 후 선택이 안돼요. (AE-20, AE-30)

SCENE ▲ 버튼을 누른 상태에서 SCENE CATEGORY 노브를 돌려 페이버릿 뱅크를 선택한 후 SCENE ▲▼ 버튼으로 유저 신을 선택하여 연주하면 됩니다.

14. 유저 신, 페이버릿 신을 [CATEGORY] 노브로 조절할 수는 없나요?

CATEGORY MODE에서 유저나 페이버릿을 설정하면 노브로도 조절이 가능합니다.

15. 에어로폰 에디터 앱은 무엇인가요?

에디터 앱은 연주 파라미터 설정 톤 조정, 톤 목록 구성을 할 수 있으며, 4개의 톤 레이어를 만들어 악기 소리에 다양한 효과를 줄 수 있는 앱입니다.

조옮김

1. 에어로폰에서 악기들 이조 방법은 몇 가지 일까요?

2가지입니다.

1) 악기 전체를 자동 이조할 수 있는 방법,

2) 악기별로 설정해서 이조하는 방법이 있습니다.

2. C조 악기는 어떻게 되나요?

피아노, 바이올린, 첼로, 플룻, 트롬본, 오보에 등 실음 악기는 C조를 사용합니다.

3. B♭는 어떤 악기와 합주 시 사용하나요?

소프라노/테너 색소폰, 클라리넷, 트럼펫, 튜바 등의 악기와 합주 시 사용합니다.

4. E♭는 어떤 악기와 합주 시 사용하나요?

알토/바리톤 색소폰 등의 악기와 합주 시 사용합니다.

5. F는 어떤 악기와 합주 시 사용하나요?

튜바, 혼 등의 악기와 합주를 하거나 대체할 때 사용합니다.

6. 악기 전체를 자동 이조할 수 있는 방법이 있나요?

메뉴로 들어가서 System Transpose 모드에서 System 모드를 Scene으로 설정하면 됩니다.

외부 연결

1. 외부 앰프(스피커)와 케이블로 연결하려고 하는데, 어떻게 해야 하나요?

6.35(혹은 55) 케이블이라고 부르는 오디오 케이블을 구입해 에어로폰과 앰프에 연결하면 됩니다.

2. 에어로폰에 이어폰이나 헤드폰을 연결했는데 밖으로 소리가 나옵니다.

1) AE-10 : Speaker를 Auto나 Off로 설정합니다. On으로 설정된 경우 헤드폰이나 이어폰을 꽂아도 내장 스피커에서 소리가 납니다. Speaker가 Auto인 경우 PHONES/OUTPUT 단자에 헤드폰과 케이블을 연결하면 자동으로 내장 스피커에서 소리가 나지 않습니다.

2) AE-20, AE-30 : 메뉴 버튼을 눌러서 Speaker Setting를 Auto나 Off로 설정합니다. 공장 출하 시 에어로폰 Volume 노브로 스피커와 헤드폰의 음량 설정이 동시에 변화하게 돼있습니다. 각각의 소리를 다르게 경우에는 메뉴 버튼을 눌러 스피커 볼륨과 출력 볼륨을 조절하여 설정합니다. On으로 설정된 경우 내장 스피커에서 소리가 납니다.

- 공장 출하 시 AE-10은 Speaker가 Auto로 설정돼있으며 AE-20, AE30은 Speaker Setting이 Auto로 설정돼있습니다.

3. 악기에서 반주 음원을 틀어놓고 연주하고 싶어요. (AE- 20,30 경우)

반주 음원을 연주할 스마트폰이나 태블릿과 에어로폰이 블루투스로 페어링 되어야 합니다.

에어로폰과 스마트폰의 블루투스는 다 활성화되어 있어야 합니다. 스마트폰의 블루투스 검색에서 악기 이름 +AUDIO로 되어있는 항목을 선택하면 페어링이 되며, 이 경우 스마트폰이 아닌 악기의 스피커에서 반주 음원이 나오게 됩니다.

4. 악기에서 반주 음원을 틀어놓고 연주하고 싶어요. (AE-10 경우)

에어로폰의 전원을 킨 후 핸드폰과 가까이 놓습니다.

FUNCTION 버튼을 누르면서 연주 키 5를 길게 누르면 페어링 시작 상태가 되며 페어링을 시작하면 "삐" 소리가 2번 납니다. 앱 블루투스는 AE-10, 핸드폰 자체 블루투스는 AE-10 AUDIO로 AUDIO가 적혀져 있는 블루투스를 잡아야만 악기 자체와 핸드폰이 페어링 됩니다.

5. 에어로폰이 많은 곳에서는 블루투스가 내 악기인지 어떻게 확인하나요?

에어로폰 악기 MENU에서 Bluetooth ID를 누르면 1~9의 숫자가 나옵니다. 내 악기의 번호를 설정할 수 있습니다.

핸드폰 설정에서 블루투스를 들어 간 후 AE-20 AUDIO 블루투스 이름을 바꿀 수 있습니다.

(앱 전용 AE-20(악기 넘버) 블루투스는 변경 불가능)

6. AE-10 앱과 연계하는 방법

에플리케이션 Aerophone mini Plus를 스마트폰에 설치합니다.

AE-10과 핸드폰을 가까이에 두고 AE-10의 스위치를 On에서 블루투스 모드로 바꾸면 블루투스 LED가 깜박입니다.

설치한 앱을 켜 AE-10 페어링을 시작합니다.

7. 버스킹을 하고 싶어요. 어떤 장비가 필요한가요?

배터리로 구동되는 스피커, 연결 케이블이 필요합니다.

8. 컴퓨터와 연결하여 녹음을 할 수 있나요?

에어로폰 소리 그대로 녹음을 하려면 컴퓨터의 line in 단자에 연결하거나, 오디오 인터페이스라는 장비를 이용해 녹음을 할 수 있습니다.

컴퓨터와 미디로 데이터를 전송, 가상악기를 이용할 경우에는 USB 케이블로 연결하여 사용합니다.

9. 컴퓨터와 연결 시 어떤 케이블을 써야 하나요?

AE-10은 USB-B 타입 케이블, AE-20, 30은 USB-C 타입 케이블을 사용하면 됩니다.

10. 미디는 무엇인가요?

연주하는 음을 음이 아닌 신호로 컴퓨터에 전달하는 규격입니다. 어떤 음을 눌렀는지, 세기가 어떻게 되는지가 데이터로 전송됩니다.

11. 가상악기은 무엇인가요?

미디로 전송된 데이터를 재생할 수 있는 악기 소리들 입니다. 에어로폰에 내장된 음색들도 가상악기입니다. 전문용어로는 VSTI라고 부릅니다.

12. 에어로폰과 핸드폰이 블루투스 연결이 되지 않습니다. (AE-20, AE-30)

1) 연결하려는 스마트폰을 에어로폰 가까이에 놓으세요.

2) 에어로폰의 메뉴 버튼을 눌러 Aerophone의 Bluetooth 기능이 꺼져 있으면 Bluetooth를 On으로 설정합니다. Bluetooth LED가 깜박이고 Aerophone이 페어링을 기다립니다.

3) 스마트폰의 블루투스 기능을 켠 후 스마트폰의 Bluetooth Devices 필드에 나타나는 AE-30 AUDIO 또는 AE-20 AUDIO를 누릅니다. 에어로폰과 스마트폰이 페어링이 되고 페어링이 완료되면 화면에 연결됨이 표시됩니다.

– 스마트폰의 곡에 맞추어 연주하는 경우와 앱을 사용하여 페어링 하는 경우는 각각 다른 페어링 작업이 필요합니다. 스마트폰의 곡에 맞추어 연주하는 경우는 에어로폰 설정을 한 후 스마트폰의 설정이 필요하며, 앱을 사용하는 경우 스마트폰에서 설정을 한 후 앱에서 설정합니다.

13. 블루투스를 재설정 하고 싶습니다. (AE-20, AE-30)

메뉴에서 Bluetooth Reset으로 들어가 블루투스 설정을 재설정합니다. 초기화 이전에 연결한 스마트폰을 다시 연결하는 경우 먼저 스마트폰에서 등록을 삭제하세요. (에어로폰 초기화의 경우 예전에 연결한 스마트폰에서 등록된 에어로폰 삭제하기)

14. PHONE과 OUTPUT은 무슨 차이가 있나요?

PHONES 잭은 이어폰이나 헤드폰 연결에 사용하며, OUTPUT 잭은 외부 앰프 스피커 연결용으로 사용합니다. 일반적으로 큰 차이를 못 느낄 수 있지만, 출력 레벨에 차이가 있습니다.

15. 앰프와 무선으로 연결하는 방법이 있을까요?

라디오 주파수를 이용하려는 트랜스미터로 무선 전송을 할 수 있으나 주파수 혼선으로 인한 잡음이나 끊김 등이 발생할 염려가 있어 저가 제품은 추천하지 않습니다.

16. 합주 시 녹음은 어떻게 하면 되나요?

외장 앰프를 사용해 출력하고, 보이스 레코더로 녹음하는 것을 추천합니다.

17. 외부에서 원음 그대로 녹음하고 싶습니다.

악기의 라인아웃을 보이스 레코더에 연결하여 녹음할 수 있습니다. 멀티채널을 지원하는 레코더를 사용하면 합주시에도 개별 녹음을 할 수 있습니다.

18. PC 또는 스마트폰과 무선 미디 연결이 가능한가요?

에어로폰의 블루투스는 MIDI BLE를 지원해 각종 장비와 블루투스로 미디 신호를 전송할 수 있습니다.

19. 합주를 하는데 개별 녹음을 할 수 있을까요?

2가지 방법이 있으며, 두 방법 모두 DAW를 사용해야 합니다.

1) 디지털 믹서를 이용해 DAW에서 오디오로 녹음을 하는 방법입니다.

2) 악기를 USB로 연결하거나 블루투스로 연결해 미디로 녹음하는 방법입니다.

두 방법 모두 연주자별 트랙 녹음이 되어 편집할 수 있습니다.

유지 보수

1. 에어로폰에 넣는 배터리는 마트에서 아무 AA 사이즈 사면되나요?

아니요. 1.2V 충전식 전지 (니켈 수소전지)를 사셔야 합니다.

에어로폰의 정격 전압은 5.7V로 알카라인이나 망간 건전지 1.5V 사용 시 약 2배(9V)의 전압이 들어와 고장의 원인이 될 수 있습니다.

2. 배터리 사용 시 최대 몇 시간 사용 가능한가요?

약 6시간이며, 사용 충전지의 용량에 따라 조금씩 차이가 있을 수 있습니다.

3. 에어로폰에 배터리를 넣은 채 전원 어댑터를 콘센트에 꽂으면 배터리가 충전이 되나요?

전원 어댑터와 내장 배터리는 별도로 운용됩니다. 외부 전원이 공급되는 동안 내장 배터리가 소모되지는 않지만 충전도 되지 않습니다.

4. 연주 중에 배터리 잔여량을 확인할 수 있나요?

메뉴 화면 상단에 배터리 잔여량이 그림으로 표시됩니다.

5. 넥스트랩(목줄) 때문에 목이 아파요. 어떻게 해야 하나요?

목이 아닌, 어깨로 힘이 분산되는 색소폰용 넥 스트랩을 사용하세요.

6. 연주 후 청소는 어떻게 해야 하나요?

마우스피스를 제거 후 바이트 센서의 습기 제거 및 마우스피스를 세척 후 기기를 세워서 수분을 제거한 후 보관해 주세요.

7. 에어로폰은 어떻게 보관해야 하나요?

키가 눌리지 않게 케이스에 넣어서 보관해 주세요.

케이스 없이 보관 시에는 스탠드를 사용하거나 키가 위로 보이게 눕혀 보관해 주세요.

8. 함께 주는 밴드는 어떻게 써야 하나요?

숨을 입으로 불어 넣는 악기로 구조상 장시간 연주 시에 침이 마우스피스 외부에서 본체에 흐를 수 있는데, 본체 바깥쪽으로 흐른 침은 경우에 따라서는 [POWER] 스위치나 각종 키를 통해 본체 내부에 들어갈 우려가 있습니다. 이것을 예방하기 위한 밴드입니다.

9. 밴드를 잃어버렸어요. 어떻게 해야 하나요?

밴드를 분실할 경우에는 보호대나 머리끈 등의 패브릭 밴드를 사용해도 됩니다.

10. 함께 주는 고무는 어떨 때 쓰나요?

악기를 오래 불다 보면 침이 바닥으로 떨어지는데, 침받이를 사용하면 이를 예방할 수 있습니다. 사용 후 물로 세척해 주세요.

11. 마우스피스는 교체가 가능한가요?

교체 가능하며, 모델명은 아래와 같습니다.

AE-20, AE-30 용 : OP-AE05MPH

AE-10 용 : OP-AE10MPH

12. 마우스피스가 너무 딱딱해 힘듭니다. 어떻게 해야 하나요?

마우스피스 패치를 사용하면 치아 및 마우스피스를 보호할 수 있습니다.

13. 마우스피스 호환 제품도 있을까요?

실리콘으로 만들어진 호환 제품이 있습니다.

14. 마우스피스를 꼽았다 빼기가 힘들어요.

리코더용 크림을 바르면 탈착하기가 쉽습니다.

15. 세팅이 잘못되었어요. 초기화하고 싶어요.

메뉴에서 팩토리 리셋을 하면 됩니다. 하지만 유저 신에 등록되어 있는 신은 삭제되지 않으며, 별도 삭제해야 합니다.

16. 고장 수리는 어디서 해야 하나요?

정품을 구입했을 경우에는 코스모스 악기 서비스 센터를 통해 수리할 수 있습니다.
코스모스 악기 전자 서비스센터 02)3486-0033
일본 직구 제품의 경우에는 사설 수리점을 이용하거나 일본에 수리를 요청해야 합니다.

17. 어댑터가 불편합니다. 다른 방법으로 전원을 공급받을 수 있을까요?

6볼트 DC-USB 케이블을 휴대용 보조 배터리와 연결해서 사용할 수 있습니다.

18. 악기에서 잡음이 납니다.

충전용 건전지를 쓰지 않은 경우에 잡음이 생길 수 있습니다.

19. 버튼을 누를 때 딸깍 소리가 납니다.

딸깍거리는 소리는 디지털 관악기 특성상 정상적인 소리입니다.

20. 펌웨어 업데이트가 무엇인가요?

악기 내에 내장되어 기기를 구동시키는 소프트웨어를 펌웨어라고 합니다.
펌웨어가 임의로 변경될 경우에는 악기 구동이 안될 수 있어 지워지지 않게 되어 있으나, 악기의 오류 개선이나 신규 기능 추가, 새로운 음색 추가 등을 위해 새로운 버전의 펌웨어로 덮어 씌우는 과정을 펌웨어 업데이트라고 부릅니다.

21. 펌웨어 업데이트는 어떻게 하나요?

AE-10은 악기와 컴퓨터를 케이블로 연결 후 최신 펌웨어를 연결된 악기의 드라이브에 복사하면 되며, AE-20, 30은 USB-C 타입 메모리카드에 펌웨어를 복사 후 악기에 연결해 펌웨어 업데이트를 진행합니다.
최신 펌웨어 및 펌웨어 업데이트에 대한 자세한 방법은 롤랜드 홈페이지나 코스모스 악기 홈페이지의 고객지원 - 시스템 업데이트에서 확인할 수 있습니다.

22. 에어로폰이 다른 전자 관악기 대비 어떤 장점이 있나요?

야마하 제품 대비 음색이 다양하며, 아카이 제품 대비 쉽게 연주할 수 있습니다.

음색 리스트

AE-20

AE-20 음색 리스트 그룹 1

NO	음색이름
	그룹 1 신스 하드리드
1	AE 하드리드
2	모듈레이터
3	ST 하드리드
4	SAWS 하드리드
5	AE 함쏘우
6	클래식 쏘우
7	리리컬 리드 1
8	M 로테이트 1
9	M 로테이트 2
10	UFO 신스리드
11	하라주쿠 리드 1
12	주피터 AP
13	센티멘털 LD
14	싱크 리드 1
15	싱크 리드 2
16	휴즈
17	모드 스왈로우
18	테이킹 리드
19	CR하드리드
20	쏘우 리드 Dly
21	M 로테이트 3
22	M 로테이트 4
23	쏘우 코드
24	5th 신스 리드
25	스퀘어 쏘우 리드
26	심플 쏘우 Vib
27	쏘우 리드 KI
28	슈퍼 유로 신스

AE-20 음색 리스트 그룹 2

NO	음색이름
	그룹 2 신스 소프트 리드
1	펄스 플루트
2	스퀘어 & 클라
3	B 소프트 리드
4	리얼 리드
5	PM 어텍 리드
6	멜로우 리드
7	쏘우 소프트 리드
8	신스 리코더 1
9	사인 리드 KI
10	펑크 트럼펫
11	리리컬 리드 2
12	M 2nd 다운
13	오버블로운
14	심플 스퀘어 MT
15	리리컬 리드 3
16	LM 스퀘어
17	CC 어텍 리드
18	MT 스텍트 4ths 1
19	MT 스텍트 4ths+
20	하라주쿠 리드 2
21	헐드 잇 올
22	코스믹 리드
23	신스 오보에 1
24	신스 오보에 2
25	포레스트 플루트
26	트리오 리드
27	레이트 쉬프트
28	신스 리코더 2
29	신스 리코더 3
30	트라이앵글 리드 KI
31	스퀘어 리드 KI
32	어뮤즈먼트 리드
33	웜 쏘우 리드
34	AE 리드 1
35	AE 리드 2
36	LM 소프트 리드

AE-20 음색 리스트 그룹 3

그룹 3 신스 패드 스트링	
N0	음색이름
1	신스 스텍
2	신스 스트링
3	스윕 신스 ST
4	신스 스트링 KI
5	주노 스트링
6	JP8 스트링
7	JP8 레조 스트링
8	튠드 Nz
9	힐링 패드
10	AE 트립 2 마스

AE-20 음색 리스트 그룹 4

그룹 4 신스 브라스 / 베이스	
N0	음색이름
1	팻 브라스
2	신스 브라스
3	80년대 신스 브라스
4	브레스 브라스
5	신스 플루겔
6	심플 유니즌 브라스
7	폴리 브라스 AP
8	네오 신스 브라스
9	빅 코드
10	신스 혼 KI
11	팻 퍼즈 브라스
12	그라인더 베이스
13	신스 베이스 KI 1
14	신스 베이스 KI 2

AE-20 음색 리스트 그룹 5

그룹 5 우드윈드(목관악기)

NO	음색이름
1	소프라노 색소폰
2	소프라노 색소폰 Vib
3	소프라노 K
4	알토 색소폰 1
5	알토 색소폰 1 Vib
6	팝 알토 색소폰
7	알토 색소폰 2
8	알토 색소폰 2 Vib
9	테너 색소폰
10	테너 색소폰 Vib
11	바리톤 색소폰
12	바리톤 색소폰 Vib
13	풀스케일 색소폰
14	빅밴드 색소폰
15	풀 색소폰
16	플루트
17	플루트 Vib 1
18	플루트 Vib 2
19	피콜로
20	오보에
21	오보에 Vib
22	클래식 클라리넷
23	클라리넷
24	베이스 클라리넷
25	바순
26	오카리나
27	블루스 하모니카
28	하모니카 AP
29	하모니카
30	소프라노 리코더
31	알토 리코더
32	보틀 블로우 Dly
33	휘슬(휘파람)

AE-20 음색 리스트 그룹 6

그룹 6 브라스윈드(금관악기)

NO	음색이름
1	트럼펫
2	HM 뮤트 트럼펫
3	뮤트 트럼펫 1
4	뮤트 트럼펫 2
5	플루겔혼
6	트럼본
7	프렌치 호른
8	유포니움
9	튜바
10	비글 브라스
11	빅 브라스 밴드
12	소프트 Ac 브라스
13	브라스 어텍

AE-20 음색리스트 그룹 7

그룹 7 스트링(현악기)

NO	음색이름
1	바이올린 Vib 1
2	바이올린 Vib 2
3	바이올린 Vib 소프트
4	첼로 Vib
5	스트링 MT
6	스트링
7	트레몰로 스트링
8	스몰 스트링
9	스트링 스타카토
10	피치카토 스트링
11	무드 스트링
12	60년대 스트링
13	필름 옥타브

그룹 8 에스닉(민족악기)	
NO	음색이름
1	팬플루트 MT (루마니아)
2	80년대 팬플루트 신스 (루마니아)
3	팬플루트 (루마니아)
4	샤쿠하치 1 (일본)
5	샤쿠하치 2 (일본)
6	샤쿠뱀부
7	류테키 (일본)
8	일리언 파이프 1 (아일랜드)
9	일리언 파이프 2 (아일랜드)
10	백 파이프 1 (스코틀랜드)
11	백 파이프 2 (스코틀랜드)
12	두둑 Vib (아르메니아)
13	쿠디 (중국)
14	방디 (중국)
15	바우 1 (중국)
16	바우 2 (중국)
17	샤오 1 (중국)
18	샤오 2 (중국)
19	훈 1 (중국)
20	훈 2 (중국)
21	관즈 (중국)
22	수오나 1 (중국)
23	수오나 2 (중국)
24	후루쓰 (중국)
25	생 (중국)

그룹 8 에스닉(민족악기)	
NO	음색이름
26	얼후 1 (중국)
27	얼후 2 (중국)
28	반후 1 (중국)
29	반후 2 (중국)
30	징후 (중국)
31	시후 (몽골)
32	마토친 1 (몽골)
33	마토친 2 (몽골)
34	피파 1 (중국)
35	피파 2 (중국)
36	피파 트레몰로 (중국)
37	상시엔 (중국)
38	중루안 (중국)
39	쟁 1 (중국)
40	쟁 2 (중국)
41	쟁 트레몰로 (중국)
42	구친 (중국)
43	공후 핑거 (중국)
44	공후 픽 (중국)
45	양금 1 (중국)
46	양금 2 (중국)
47	양금 트레몰로 (중국)
48	양금 3 (중국)
49	사랑기 (인도)

그룹 9 키보드	
N0	음색이름
1	재즈 오르간 MT
2	로터리 오르간 MT
3	로드 오르간
4	로터리 오르간
5	풀 오르간
6	매드 오르간
7	교회 오르간
8	퍼프 오르간
9	이탈리아 아코디언
10	프렌치 아코디언
11	반도네온
12	AC 팝 피아노
13	JD-800 피아노
14	하프시코드
15	첼레스타

그룹 10 기타 / 베이스	
N0	음색이름
1	M 디스토션 스플리트
2	디스토션 기타
3	실링 기타
4	PM 재즈 기타
5	재즈 기타
6	클린 기타
7	나일론 기타
8	포크 기타 1
9	포크 기타 2
10	컴프 스틸
11	어쿠스틱 베이스
12	플랫리스 베이스 MT
13	플랫리스 베이스 AP
14	플랫리스 베이스
15	슬랩 베이스 AP
16	핑거 베이스
17	픽 베이스

그룹 11 보이스 / 합창단	
NO	음색이름
1	재즈 스캣
2	PM 보이스
3	보이스 Doos
4	합창단
5	JD80 소프트 복스
6	신스 보이스
7	보이스 스트링
8	VP-330 성가대
9	아날로그 보이스
10	신스 보이스
11	Oohs 코드
12	보이스 로봇
13	보이스 스텍
14	보이스 쏘우
15	보이스 노이즈
16	보이스 VP-330

그룹 12 퍼커션	
NO	음색이름
1	팀파니
2	스틸 드럼 1
3	스틸 드럼 2
4	비브라폰 1
5	비브라폰 2
6	마림바
7	실로폰
8	글로켄슈필 1
9	글로켄슈필 2
10	튜블라 벨
11	멜로딕 탐
12	스탠다드 킷
13	오케스트라 킷
14	팝킷림
15	TR-808 컴프
16	TR-909 컴프
17	TR707 & 727 컴프
18	CR-78컴프
19	90년대 킷 컴프
20	80년대 킷 컴프
21	효과음 킷

AE-30

AE-30 음색 리스트 그룹 1

NO	음색이름
	그룹 1 신스 하드리드
1	AE 하드리드
2	모듈레이터
3	ST 하드리드
4	SAWS 하드리드
5	AE 함 쏘우
6	클래식 쏘우
7	리리컬 리드 1
8	M 로테이트 1
9	M 로테이트 2
10	UFO 신스리드
11	하라주쿠 리드 1
12	주피터 AP
13	센티멘털 LD
14	싱크 리드 1
15	싱크 리드 2
16	휴즈
17	모드 스왈로우
18	테이킹 리드
19	CR 하드리드
20	쏘우 리드 Dly 1
21	쏘우 리드 Dly 2
22	M 로테이트 3
23	M 로테이트 4
24	쏘우 코드
25	5th 신스 리드
26	스퀘어 신스 리드
27	심플 쏘우 Vib
28	쏘우 리드 KI
29	슈퍼 유로 신스
30	드론리드 1
31	드론리드 2
32	하모니리드 1
33	하모니리드 2
34	리드 M/S 1
35	리드 M/S 2
36	리드 M/S 3

AE-30 음색 리스트 그룹 2

NO	음색이름
	그룹 2 신스 소프트 리드
1	펄스 플루트
2	스퀘어 & 클라
3	B 소프트 리드 1
4	리얼 리드
5	PM 어텍 리드
6	멜로우 리드
7	쏘우 소프트 리드 AP
8	신스 리코더 1
9	사인 리드 KI
10	펑크 트럼펫
11	리리컬 리드 2
12	M 2nd 다운
13	오버블로운
14	심플 스퀘어 MT
15	리리컬 리드 3
16	LM 스퀘어
17	CC 어텍 리드
18	MT 스텍트 4ths 1
19	MT 스텍트 4ths 2
20	MT 스텍트 4ths+
21	하라주쿠 리드 2
22	헐드 잇 올
23	코스믹 리드
24	B 소프트 리드 2
25	신스 오보에 1
26	신스 오보에 2
27	포레스트 플루트
28	트리오 리드
29	레이트 쉬프트
30	신스 리코더 2
31	신스 리코더 3
32	신스 리코더 4
33	트라이앵글 리드 KI
34	스퀘어리드 KI
35	어뮤즈먼트 리드
36	웜 쏘우 리드
37	AE 리드 1
38	AE 리드 2
39	AE 리드 3
40	LM 소프트 리드

AE-30 음색 리스트 그룹 3

그룹 3 신스 패드 / 스트링	
N0	음색이름
1	신스 스텍
2	신스 스트링
3	스윕 신스 St
4	신스 스트링 KI
5	주노 스트링
6	JP8 스트링
7	JP8 레조 스트링
8	튠드 Nz
9	힐링 패드
10	AE 트립 2 마스

AE-30 음색 리스트 그룹 4

그룹 4 신스브라스 / 베이스	
N0	음색이름
1	팻 브라스
2	신스 브라스
3	80년대 신스 브라스
4	브레스 브라스
5	신스 플루겔
6	심플 유니즌 브라스
7	폴리 브라스 AP
8	네오 신스 브라스
9	빅 코드
10	신스 혼 KI
11	팻 퍼즈 베이스
12	그라인더 베이스
13	신스베이스 KI 1
14	신스베이스 KI 2

그룹 5 우드윈드(목관악기)	
NO	음색이름
1	소프라노 색소폰 1
2	소프라노 색소폰 1 Vib
3	소프라노 K 1
4	소프라노 K 2
5	소프라노 색소폰 2
6	소프라노 색소폰 2 Vib
7	알토 색소폰 1
8	알토 색소폰 1 Vib
9	팝 알토 색소폰
10	알토 색소폰 2
11	알토 색소폰 2 Vlb
12	테너 색소폰 1
13	테너 색소폰 1 Vlb
14	테너 색소폰 2
15	테너 색소폰 2Vlb
16	바리톤 색소폰
17	바리톤 색소폰 Vlb
18	풀스케일 색소폰 1
19	풀스케일 색소폰 2
20	빅밴드 색소폰
21	풀 색소폰
22	LA 색소폰
23	소프트 색소폰
24	플루트
25	플루트 Vib 1

그룹 5 우드윈드(목관악기)	
NO	음색이름
26	플루트 Vib 2
27	플루트 어텍
28	피콜로
29	오보에
30	오보에 Vib
31	잉글리시 호른
32	클래식 클라리넷
33	클라리넷
34	베이스 클라리넷
35	바순
36	오카리나
37	블루스 하모니카
38	하모니카 AP
39	하모니카
40	소프라노 리코더
41	알토 리코더
42	더테너 리코더
43	베이스 리코더
44	보틀 블로우 Dly
45	휘슬(휘파람)
46	알토 색소폰 그로울
47	알토 색소폰 Vib 그로울
48	테너 색소폰 그로울
49	테너 색소폰 Vib 그로울
50	색소폰 섹션 M/S

그룹 6 브라스윈드(금관악기)	
NO	음색이름
1	트럼펫 1
2	트럼펫 2
3	마리아치 트럼펫 Vib
4	클래식 트럼펫
5	HM 뮤트 트럼펫
6	뮤트 트럼펫 1
7	뮤트 트럼펫 2
8	스트레이트 뮤트 트럼펫
9	컵 뮤트 트럼펫
10	플루겔혼
11	트럼본
12	컵 뮤트 트럼본
13	프렌치 호른
14	뮤트 프렌치 호른
15	유포니움
16	튜바
17	비글 브라스
18	빅 브라스 밴드
19	뉴 R&B 브라스
20	브라스 섹션
21	소프트 AC 브라스
22	브라스 어텍

그룹 7 스트링(현악기)	
NO	음색이름
1	바이올린 1
2	바이올린 2
3	바이올린
4	비올라
5	첼로
6	첼로 Vib
7	콘트라베이스
8	풀 스케일 스트링
9	스트링 MT
10	스트링
11	트레몰로 스트링
12	스몰 스트링
13	스트링 스텍
14	피치카토 스트링
15	무드 스트링
16	60년대 스트링
17	필름 옥타브
18	오케스트라
19	바이올린 Vib 소프트 M/S

그룹 8 에스닉(민족악기)		그룹 8 에스닉(민족악기)	
NO	음색이름	NO	음색이름
1	팬플루트 MT	35	마토친 1
2	팬플루트 듀오	36	마토친 2
3	80년대 팬플루트 신스	37	피파 1
4	5th 아프리카 플루트	38	피파 2
5	팬플루트	39	피파 트레몰로
6	샤쿠하치 1	40	상시엔
7	샤쿠하치 2	41	중루안
8	샤쿠뱀부	42	쟁 1
9	류테키	43	쟁 2
10	일리언 파이프 1	44	쟁 트레몰로
11	일리언 파이프 2	45	구친
12	백 파이프1	46	공후핑거
13	백 파이프2	47	공후픽
14	두둑	48	양금 1
15	틴휘슬	49	양금 2
16	쿠디	50	양금 트레몰로
17	방디	51	사랑기
18	바우 1	52	시타르
19	바우 2	53	우쿨렐레
20	샤오 1	54	쓰가루
21	샤오 2	55	산신
22	훈 1	56	만돌린
23	훈 2	57	양금 3
24	관즈	58	산투르
25	수오나 1	59	고토
26	수오나 2	60	다이쇼 고토
27	후루쓰	61	샤쿠하치 M/S
28	생	62	피파 M/S
29	얼후 1	63	두둑 M/S
30	얼후 2		
31	반후 1		
32	반후 2		
33	징후		
34	시후		

그룹 9 키보드

N0	음색이름
1	재즈 오르간 MT
2	로터리 오르간 MT
3	로드 오르간
4	로터리 오르간
5	풀 오르간
6	매드 오르간
7	교회 오르간
8	퍼프 오르간
9	이탈리아 아코디언
10	프렌치 아코디언
11	반도네온
12	AC 팝 피아노
13	JD-800 피아노
14	하프시코드
15	첼레스타
16	하프
17	오르간 R 트라이 M/S

그룹 10 기타/베이스

N0	음색이름
1	M 디스토션 스플리트
2	디스토션 기타
3	실링 기타
4	PM 재즈기타
5	재즈 기타
6	클린 기타
7	나일론 기타
8	포크 기타 1
9	포크 기타 2
10	컴프 스틸
11	어쿠스틱 베이스
12	플랫리스 베이스 MT
13	플랫리스 베이스 AP
14	플랫리스 베이스
15	슬랩 베이스 AP
16	핑거 베이스
17	픽 베이스

그룹 11 보이스 / 합창단	
N0	음색이름
1	재즈 스캣
2	PM 보이스
3	보이스 Doos
4	런던 합창단
5	합창단
6	JD80 소프트 복스
7	신스 보이스
8	보이스 스트링
9	VP-330 합창단
10	아날로그 보이스
11	AEIO 신스보이스
12	Oohs 코드
13	보이스 로봇
14	보이스 5th 스텍
15	보이스 쏘우
16	보이스 노이즈
17	보이스 VP-330

그룹 12 퍼커션	
N0	음색이름
1	팀파니 1
2	스틸 드럼 1
3	비브라폰 1
4	마림바 1
5	실로폰 1
6	글로켄슈필 1
7	튜블라 벨 1
8	멜로딕 탐
9	스탠다드 킷
10	오케스트라 킷
11	팝킷림
12	TR-808 컴프
13	TR-909 컴프
14	TR707 & 727 컴프
15	CR-78 컴프
16	90년대 킷 컴프
17	80년대 킷 컴프
18	효과음 킷
19	팀파니 2
20	스틸 드럼 2
21	비브라폰 2
22	글로켄슈필 2
23	마림바 2
24	실로폰 2
25	튜블라 벨 2
26	팀파니 M/S

에어로폰 운지표

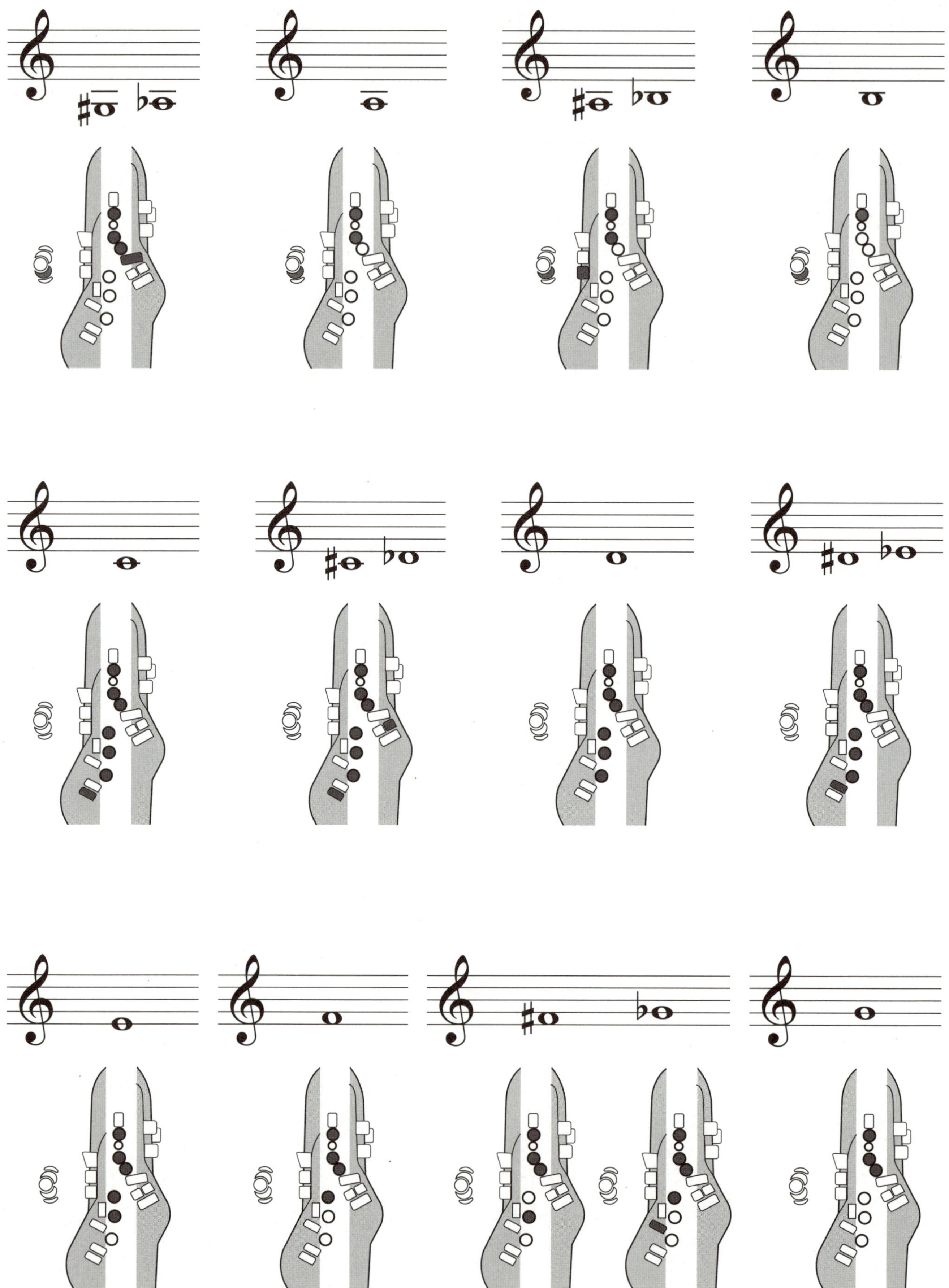

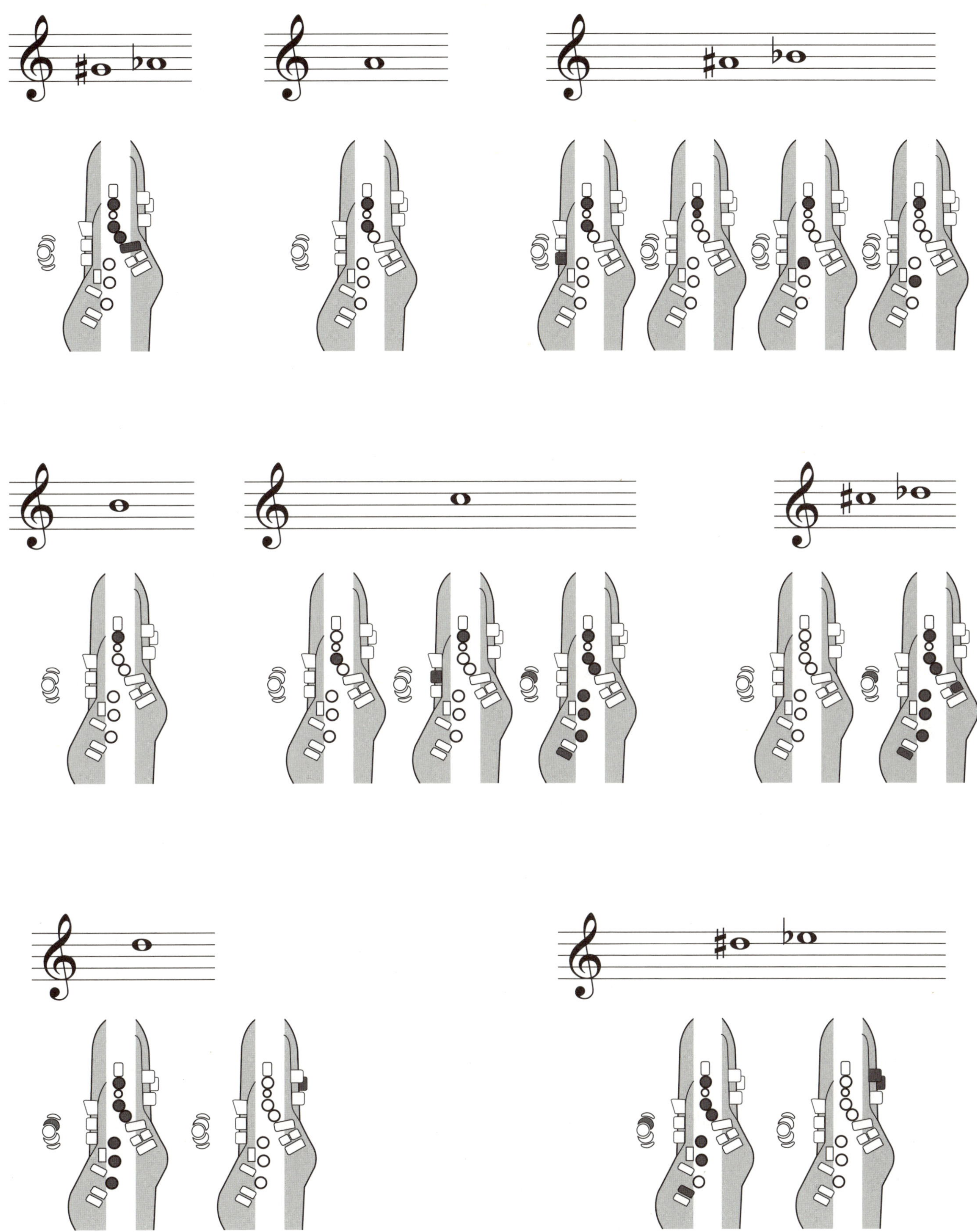

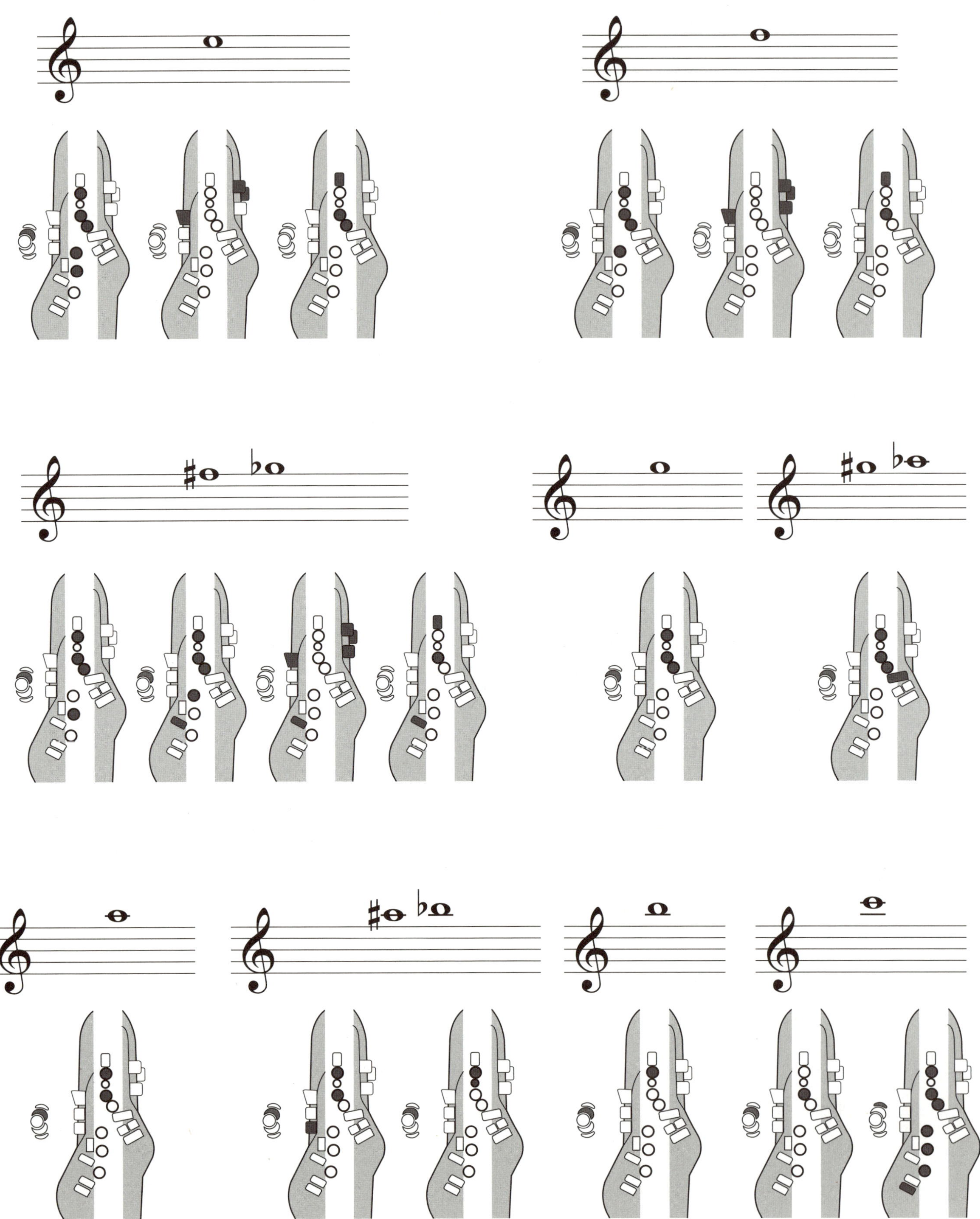

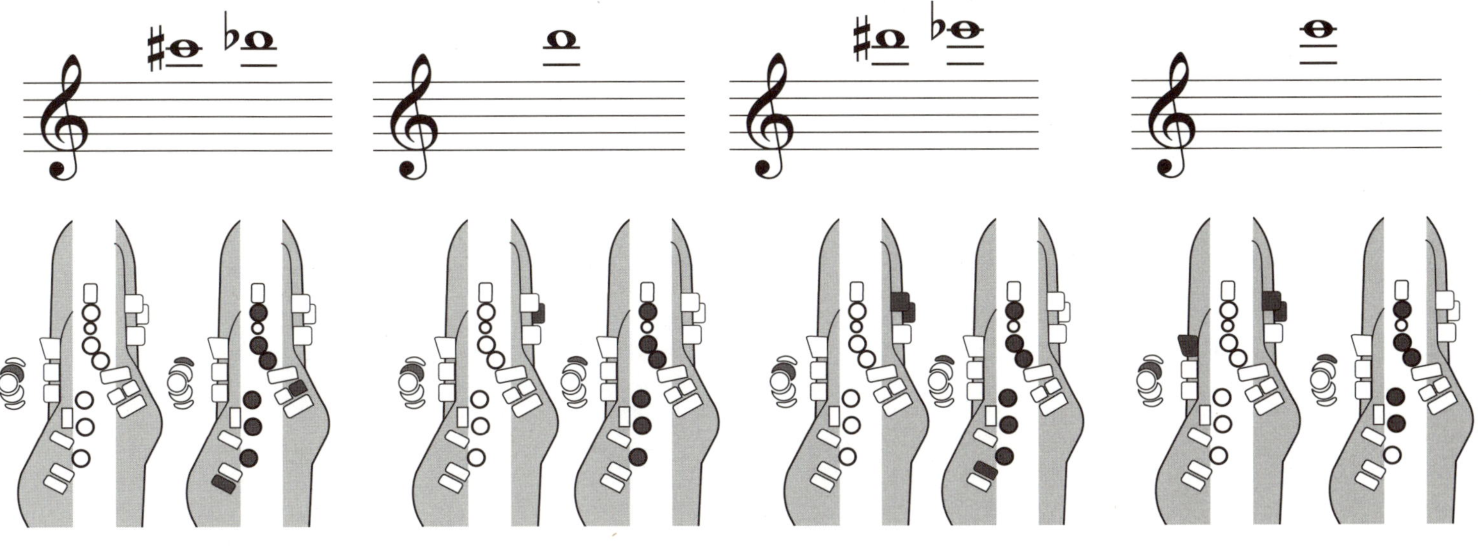

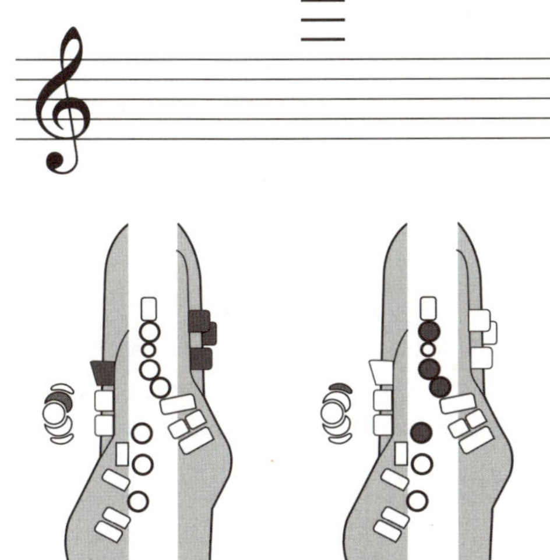

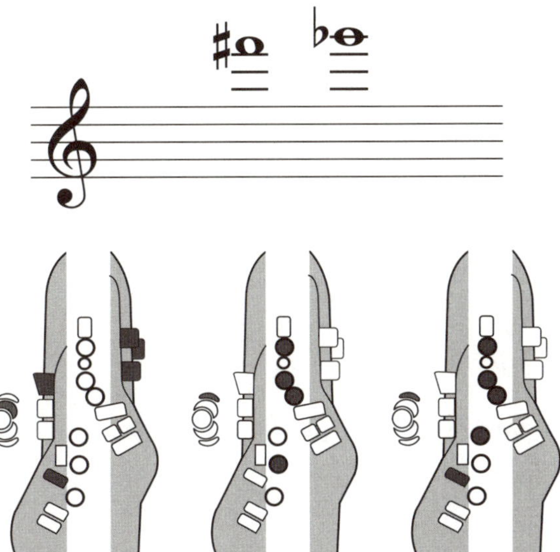

오른손의 4, 5, 6 키는 트럼펫의 1, 2, 3 피스톤에 해당합니다.

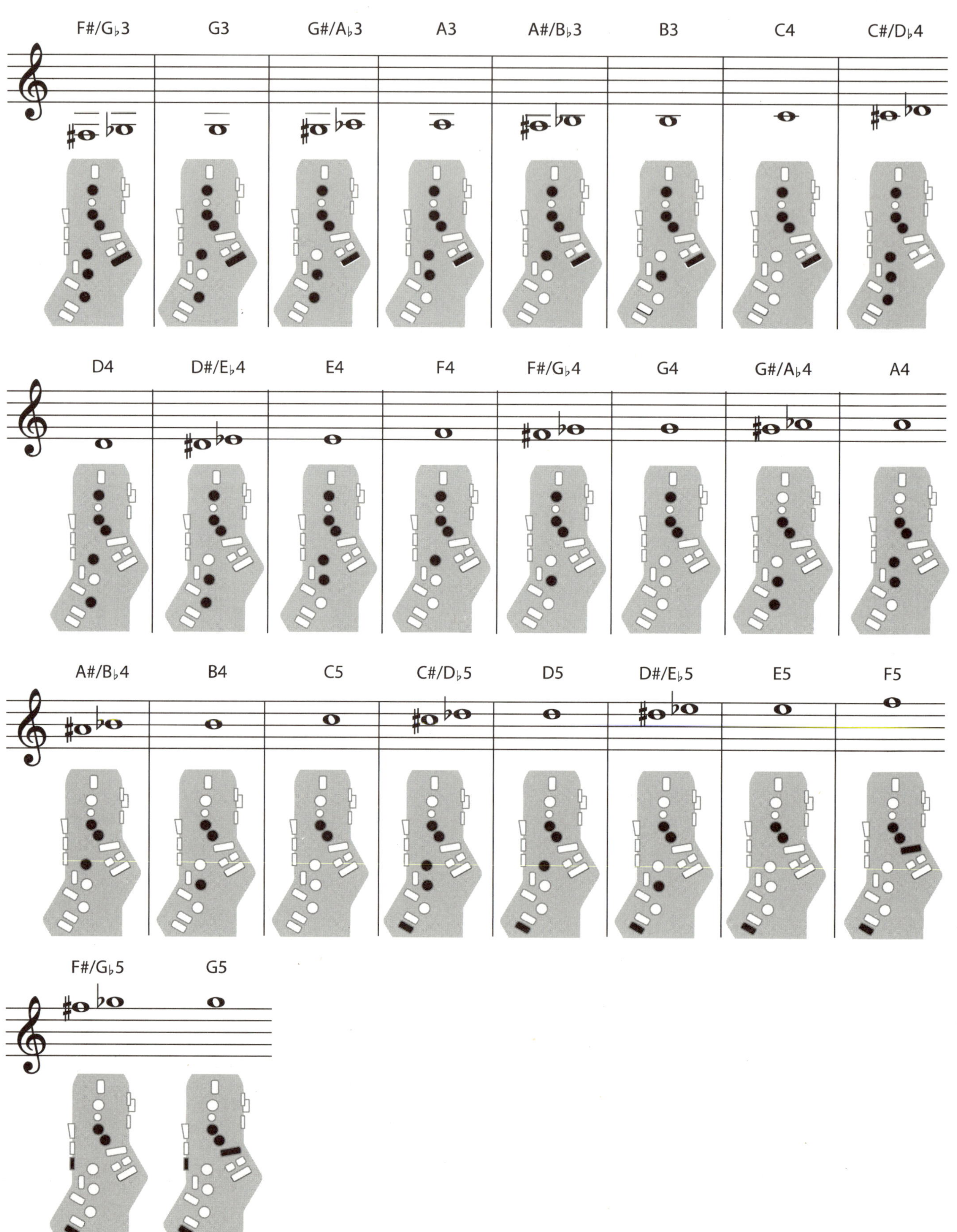

1, 2, 3, 4, 5, 6, C	표준 색소폰이나 리코더와 동일한 "C D E F G A B C" 운지법
Tc, G#, C#	Raise by a semitone / 반음 올림
Ta, Tf, Eb, B	Lower by a semitone / 반음 내림
Bb	Lower by a whole tone / 1 음 내림

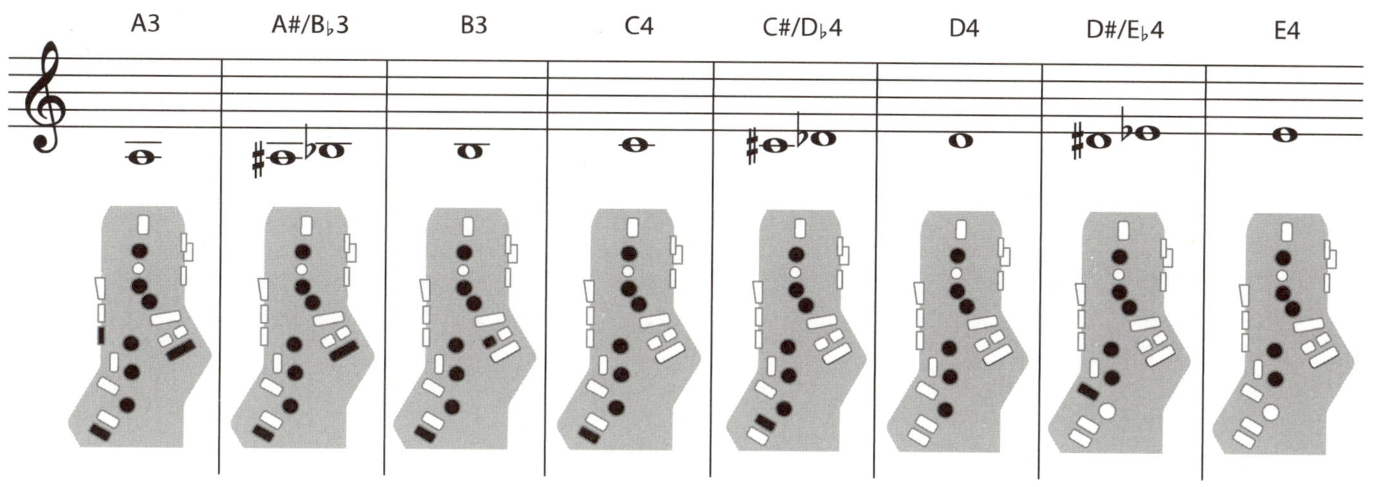

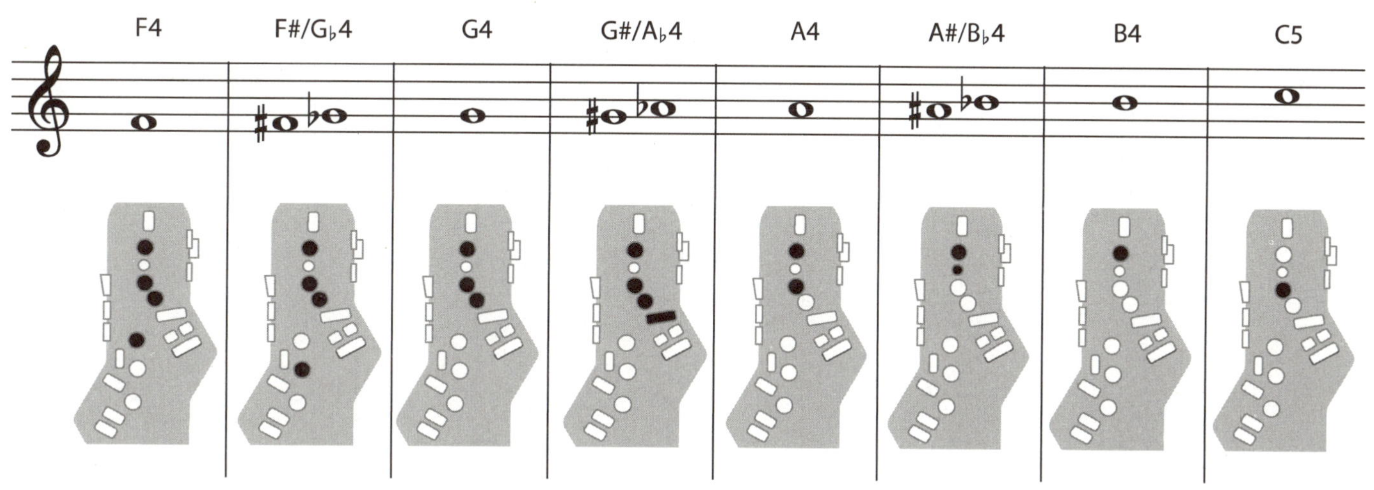

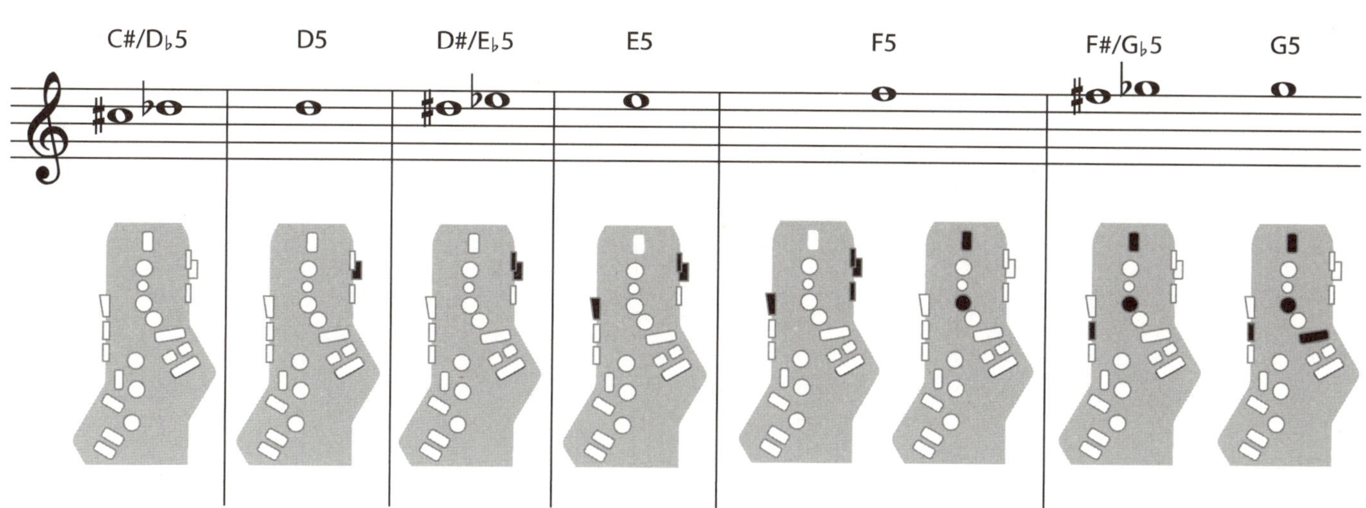

왼손만으로 연주할 수 있는 운지입니다.

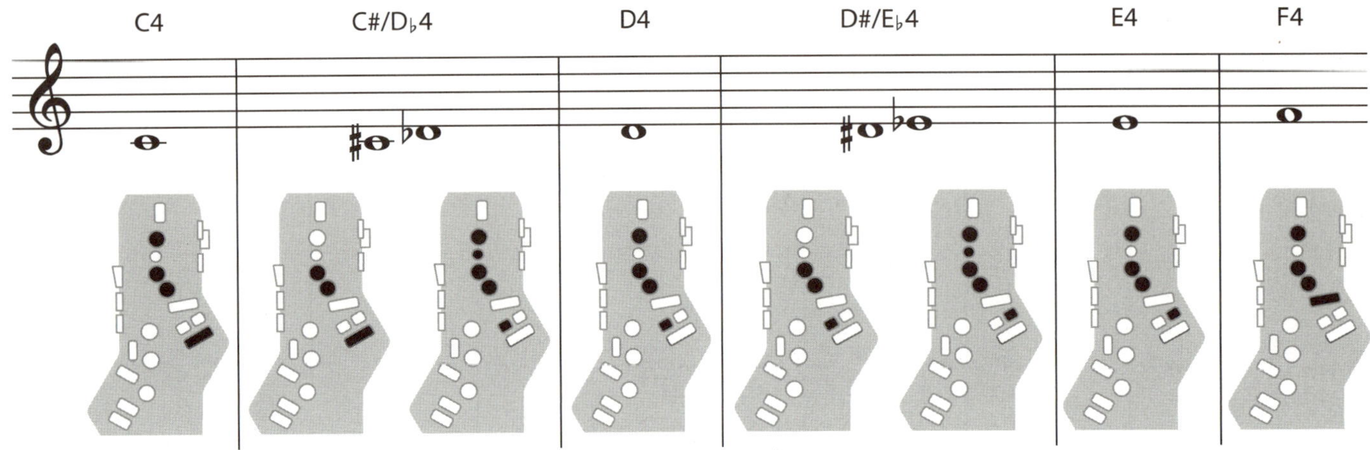

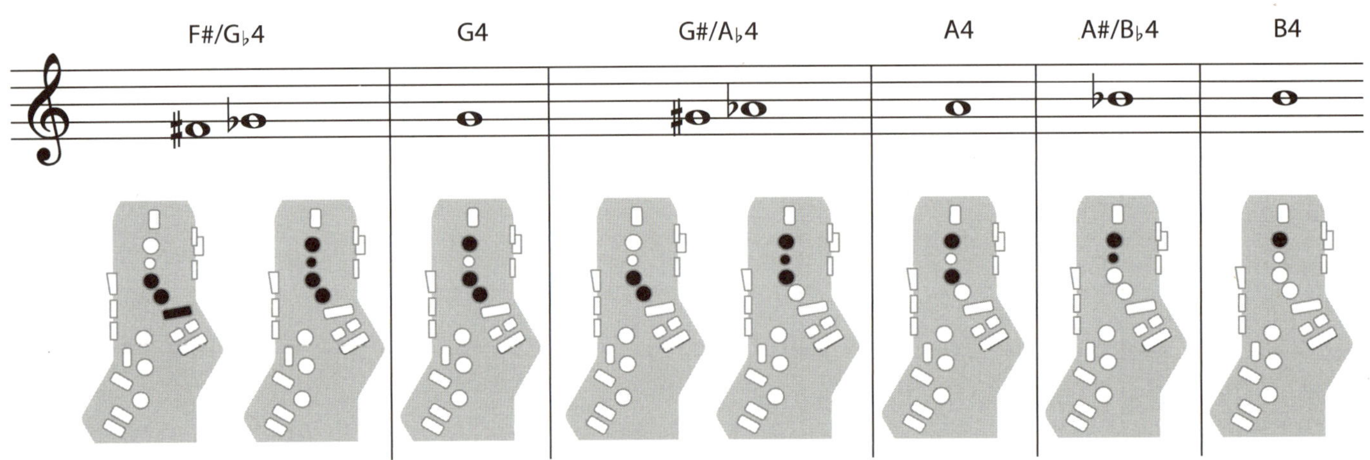

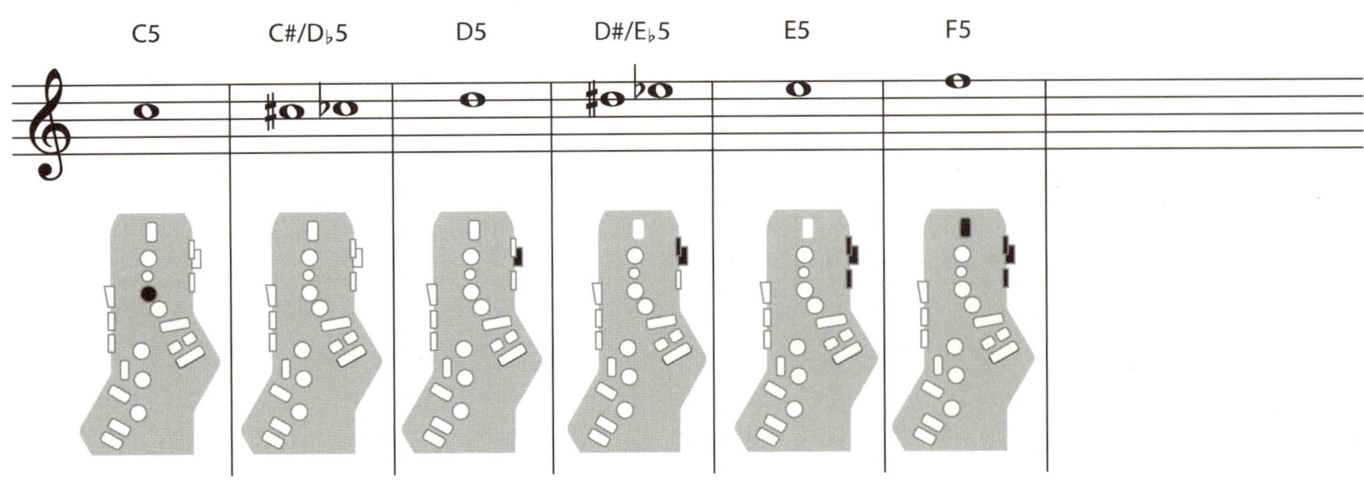

Fingering that lets you perform using only the right hand.
오른손만으로 연주할 수 있는 운지입니다.

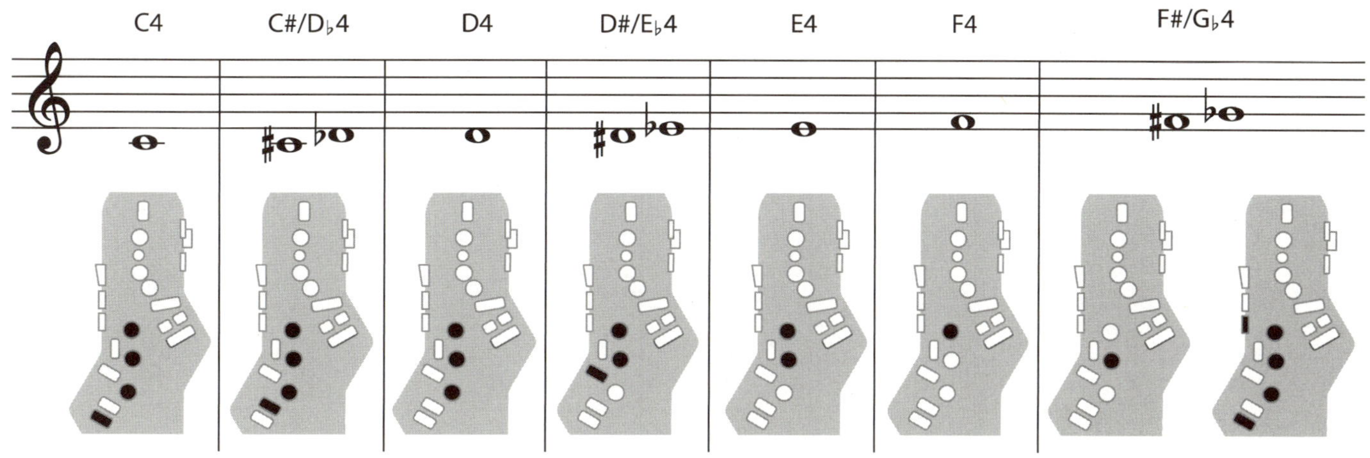

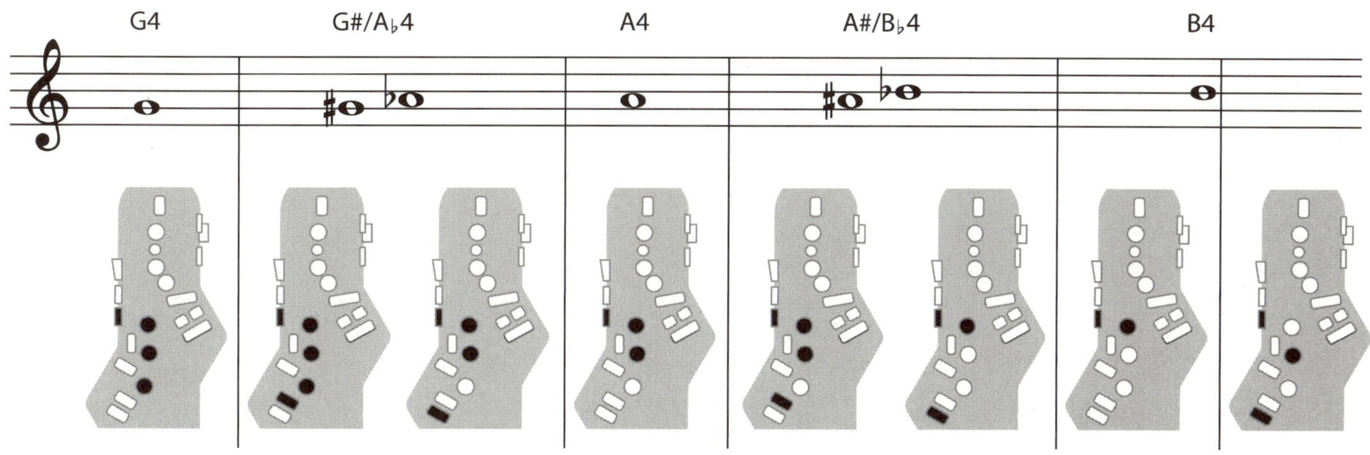

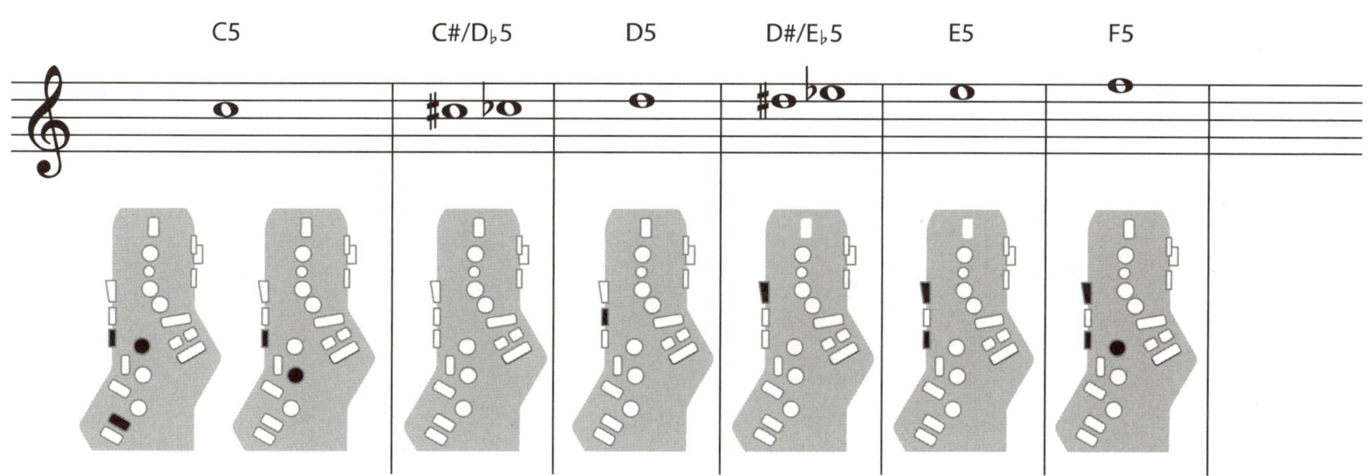

플루트 운지입니다.

x, C1, C2, C3	Raise by a semitone / 반음 올라감
p, B, C4, Tc, Ta	Lower by a semitone / 반음 내려감
Bb	Lower by a whole tone / 1 음 내려감

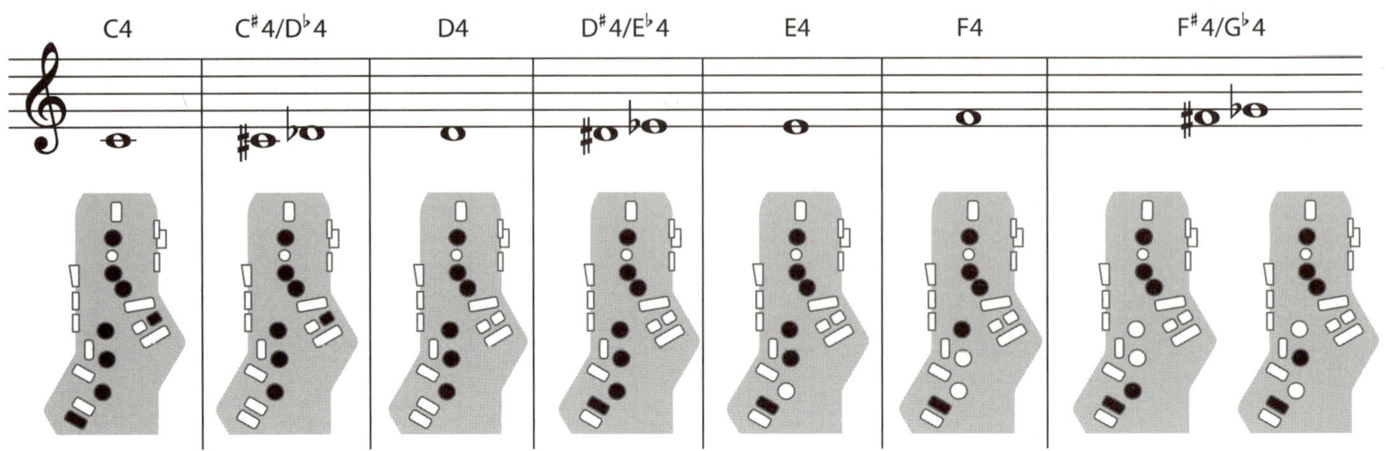

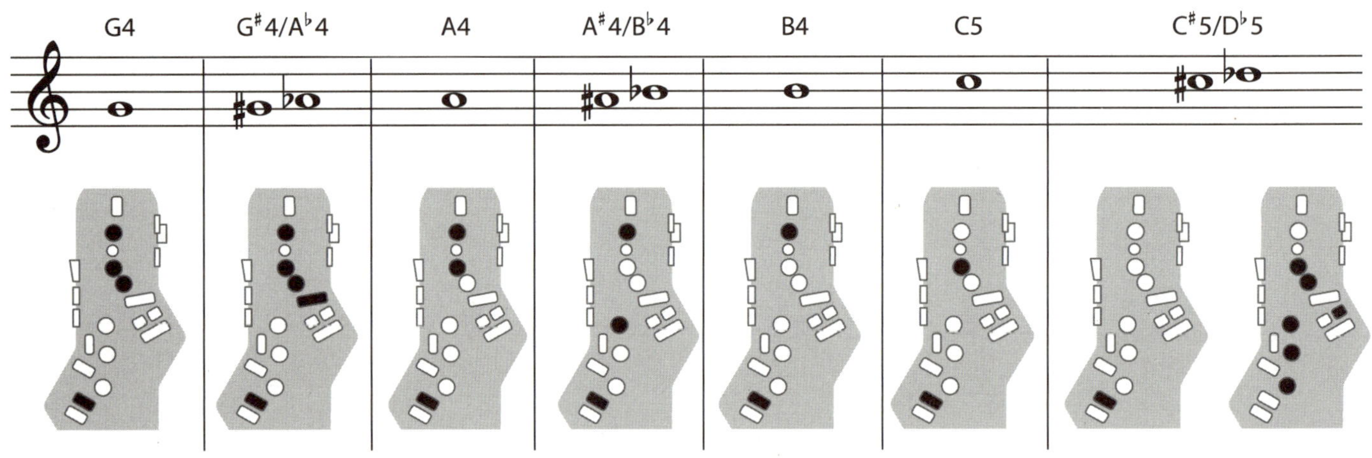

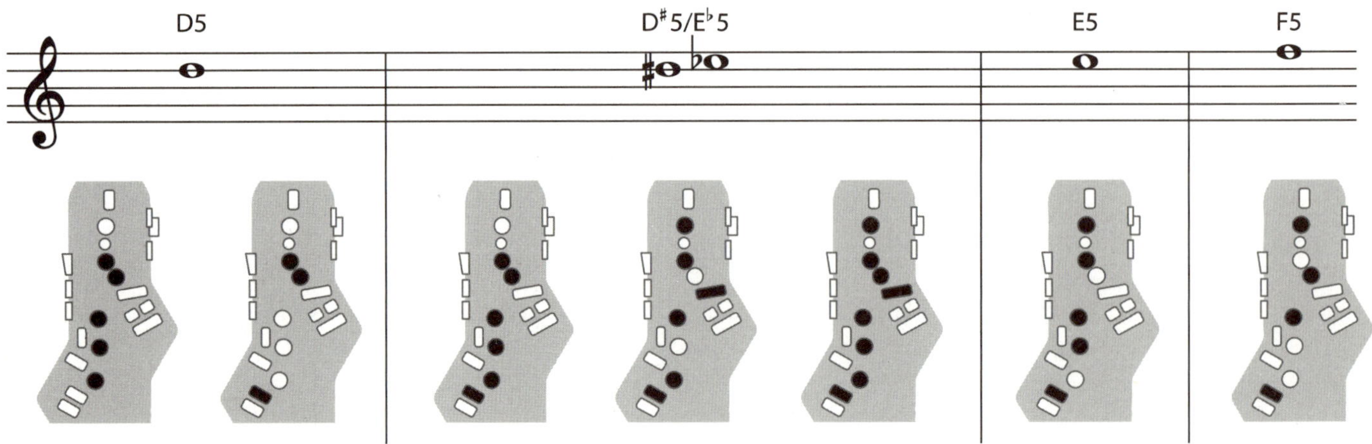

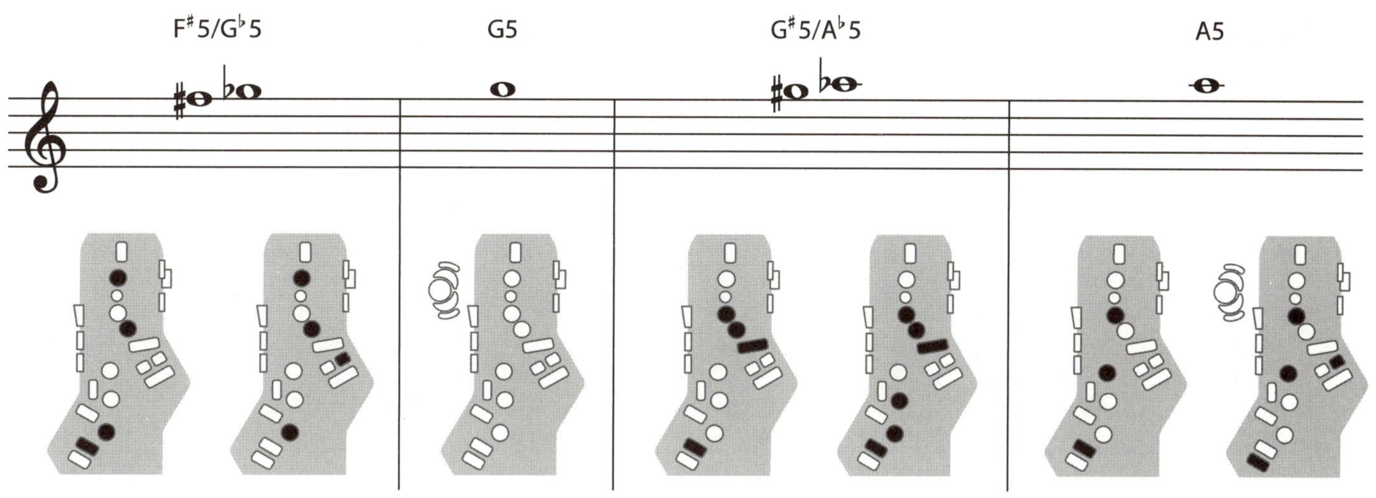

F#5/Gb5
G5
G#5/Ab5
A5

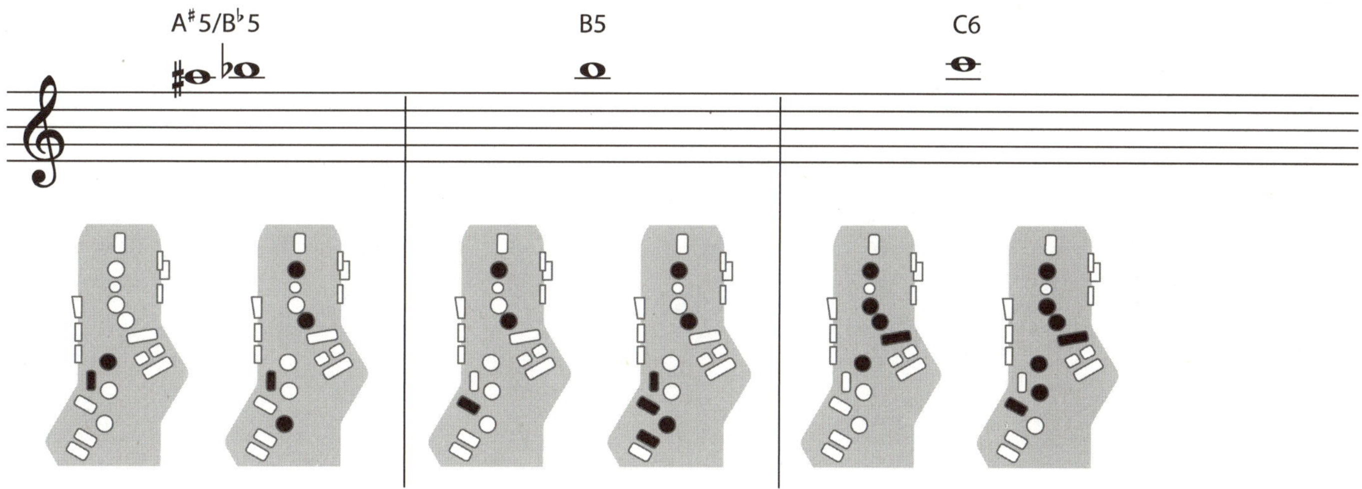

A#5/Bb5
B5
C6

클라리넷의 운지입니다.

C1	Raise by a semitone / 반음 올라감
p, C5	Lower by a semitone / 반음 내려감

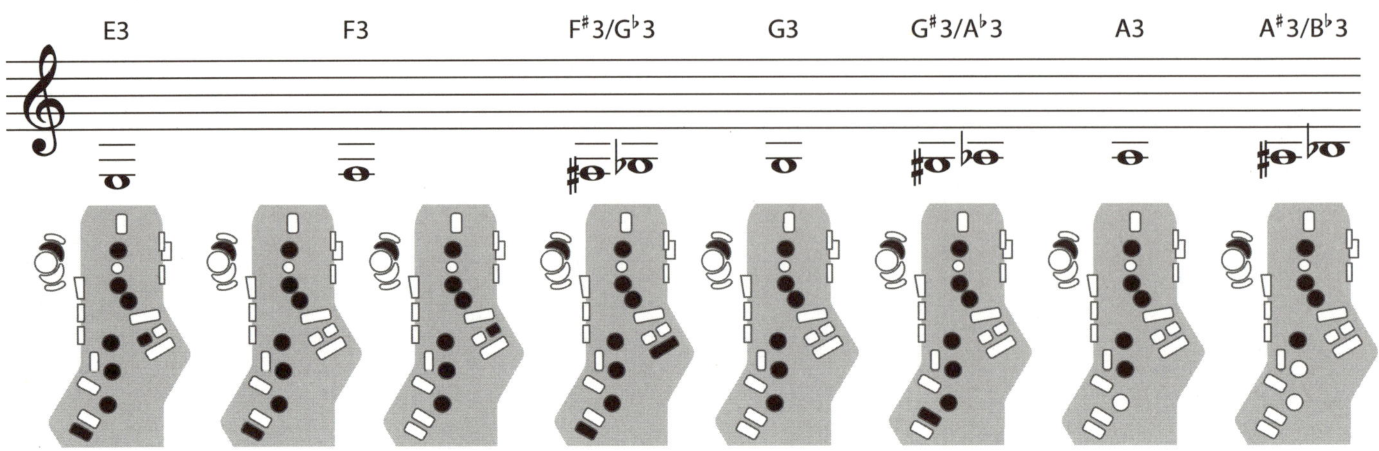

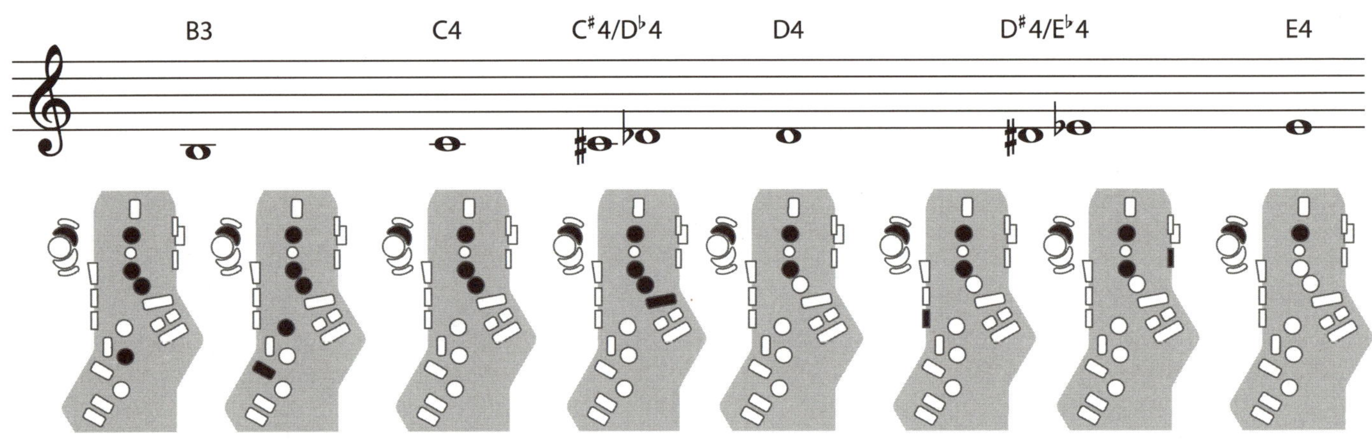

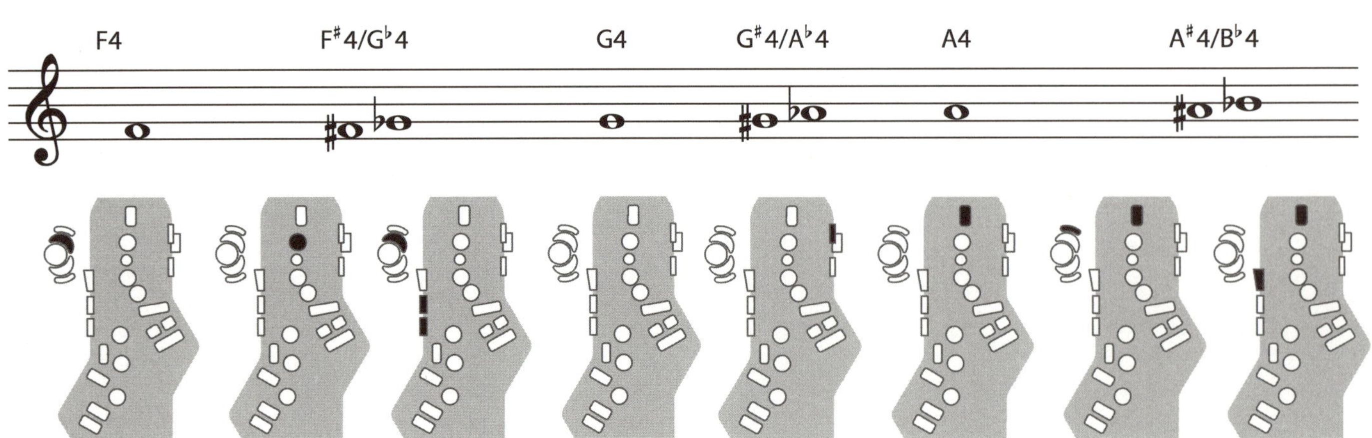

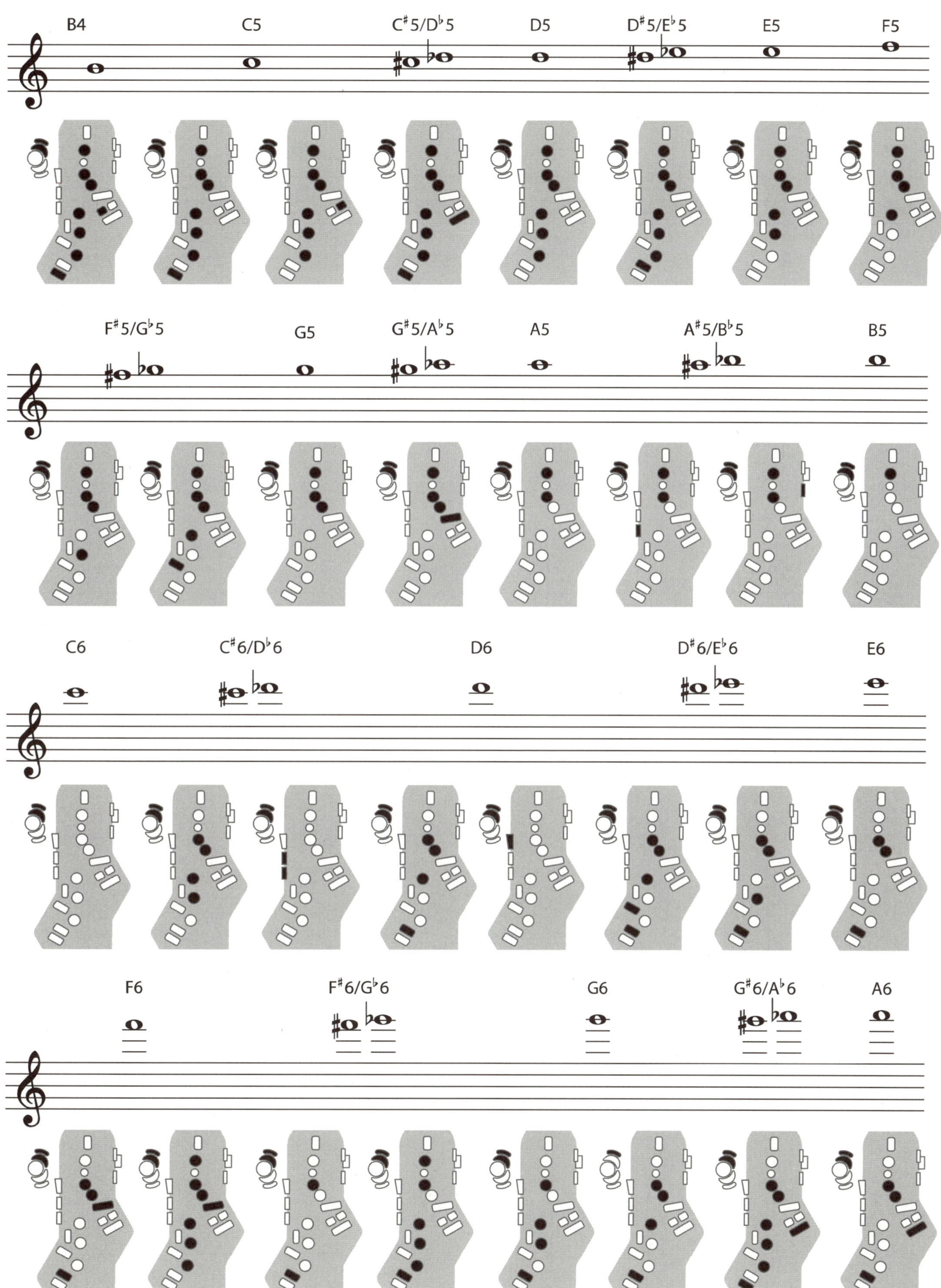

B4
C5
C#5/D♭5
D5
D#5/E♭5
E5
F5
F#5/G♭5
G5
G#5/A♭5
A5
A#5/B♭5
B5
C6
C#6/D♭6
D6
D#6/E♭6
E6
F6
F#6/G♭6
G6
G#6/A♭6
A6

좌우 사이드 키를 잘못 눌러도 소리가 전환되지 않도록 사이드 키가 비활성화되어 있습니다.

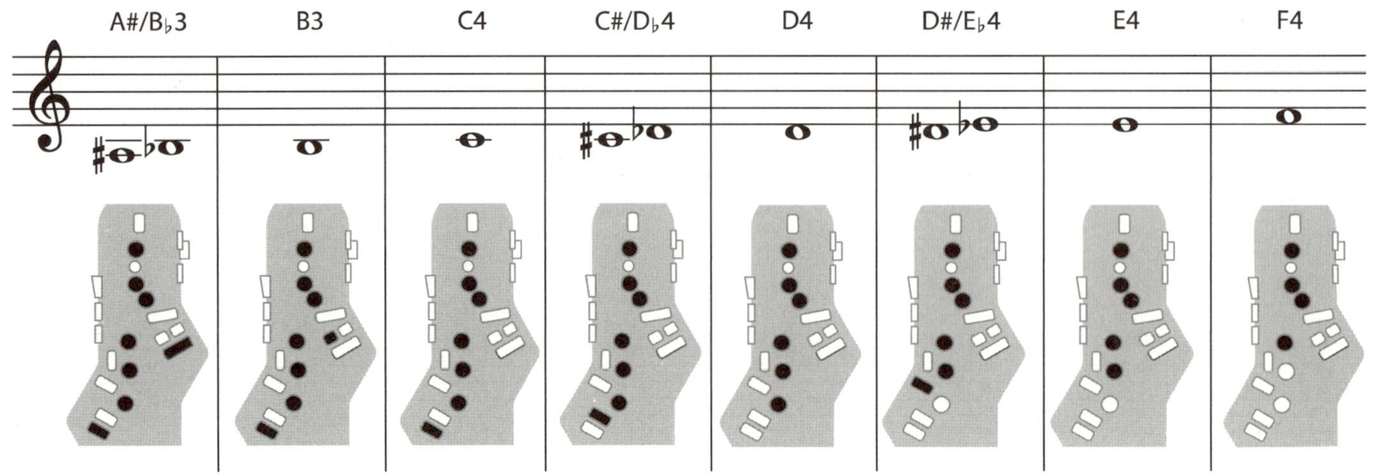

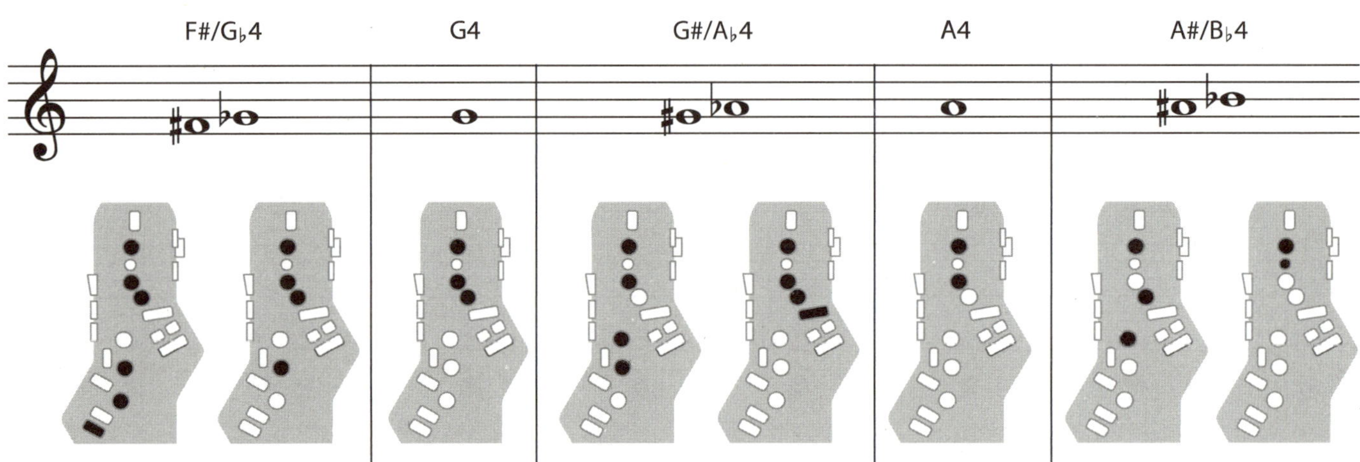

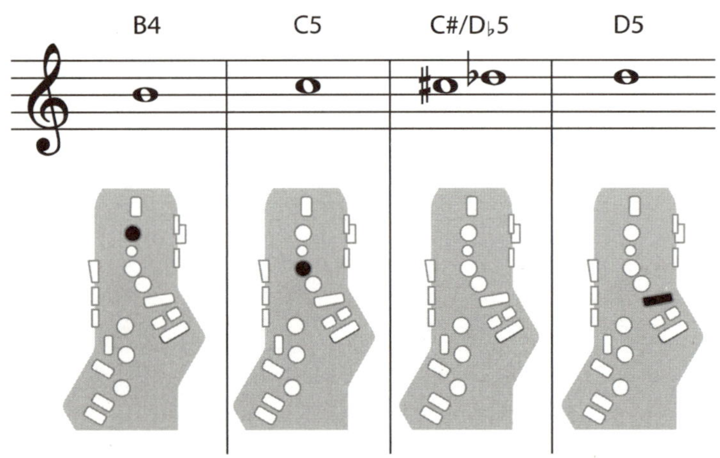

160

제임스 정의

에어로폰아 놀자

프로필 제임스 정

- 수도국제대학원 음악과 전임교수
- 백석대문화예술대학원 음악과 외래교수
- 서울기독대학원 음악과 외래교수
- 한양대 미래인재교육원 음악과 외래교수
- 서울교대 평생교육원 생활음악지도자과정 교수
- (사)한국음악교육협회 이사장
- 한국생활음악교육총연합회 회장
- 한국에어로폰교육협회 회장
- 한국하프앙상블협회 회장
- 한국켈틱하프교육협회 회장
- 한국지휘협회 회장
- 한국음악놀이협회 회장
- 한국오카리나교육협회 회장
- 한국우쿨렐레앙상블협회 회장
- 한국하모니카앙상블협회 회장
- 한국리코더교육협회 회장
- 한국타악기교육협회 회장
- 한국팬플루트음악협회 회장
- 한국훌라댄스협회 회장
- 서울팝스필하모닉오케스트라 음악감독&상임지휘자
- 코리아에어로폰오케스트라 상임지휘자
- 코리아하프오케스트라 상임지휘자
- 코리아오카리나오케스트라 상임지휘자
- 경기팝스오케스트라 음악감독&상임지휘자
- 서울플루트오케스트라 상임지휘자
- 경기플루트오케스트라 상임지휘자
- 코리아우쿨렐레오케스트라 상임지휘자
- 코리아팝스하모니카오케스트라 상임지휘자
- 코리아리코더오케스트라 상임지휘자
- 한국교원대학교 대학원 석사(음악교육 전공)
- 러시아 Gnesin 음악원 석사(오케스트라 지휘 전공)
- 이탈리아 Gaspare Spontini 공립음악원 박사(오케스트라 지휘 전공)
- 미국 카네기홀 Korea Corlful Gala Concert 공연
- 이탈리아 GOB 오카리나 마스터클래스 디플롬
- 루마니아 Radu Nehifor 팬플루트 마스터클래스 디플롬
- 하와이 Kimo Hussey 우쿨렐레 마스터클래스 디플롬
- 이탈리아 Burio 오카리나페스티벌 참가
- 하와이 Merrie Monarch 훌라페스티벌 참가
- 페루 Lima 세계카혼페스티벌 참가
- 41,43,45'th Hawaii 우쿨렐레페스티발 참가
- 스위스 Arosa 팬플루트페스티벌 참가
- 협연 : 러시아내무성오케스트라, 이탈리아 Gaspare Spontini 오케스트라
  서울오케스트라, 서울팝스필하모닉오케스트라, 경기팝스오케스트라
  코리아오카리나오케스트라, 서울플루트오케스트라, 경기플루트오케스트라
  코리아우쿨렐레오케스트라, 코리아팬플루트오케스트라
- 영화 : Hawaii Ukulele(Pica Pica Ukulele Orchestra in Hawaii)
- 앨범 : Sentimental, Pica Pica

저서

- 제임스정의 에어로폰아 놀자①②(일신서적)
- 제임스정의 리라하프야놀자(일신미디어)
- 제임스정의 하루만에하프(아이러브뮤직)
- 제임스정의 하루만에칼림바①②(아이러브뮤직)
- 제임스정의 하루만에리라(아이러브뮤직)
- 제임스정의 바이올린아 놀자(일신서적)
- 제임스정의 7080하모니카콘서트곡집(아이러브뮤직)
- 제임스정의 팬플루트콘서트곡집(아이러브뮤직)
- 제임스정의 칼림바야놀자(일신서적)
- 제임스정의 키즈칼림바야놀자(일신서적)
- 제임스정의 칼림바야놀자연주곡집(일신서적)
- 제임스정의 아트칼림바야놀자연주곡집(일신서적)
- 제임스정의 미스&미스터유튜브트롯(아이러브뮤직)
- 제임스정의 오카리나야놀자(일신서적)
- 제임스정의 유튜브오카리나연주곡집(일신서적)
- 제임스정의 하모니카야놀자①②(일신미디어)
- 제임스정의 하모니카트로트콘서트곡집(일신미디어)
- 제임스정의 하모니카트롯연주곡집(일신미디어)
- 제임스정의 리코더야놀자(아이러브뮤직)
- 제임스정의 컵타야놀자(일신미디어)
- 제임스정의 컵타음악놀이연주곡집(그래서음악)
- 제임스정의 우쿨렐레야놀자(음악세계)
- 제임스정의 카혼아놀자(일신미디어)
- 제임스정의 아이러브우쿨렐레(아이러브뮤직)
- 제임스정의 아이러브오카리나(아이러브뮤직)
- 제임스정의 아이러브팬플루트(아이러브뮤직)
- 제임스정의 크리스천오카리나(아이러브뮤직)
- 제임스정의 꼬꼬마오카리나(아이러브뮤직)
- DIATONIC HARMONICA(아이러브뮤직)
- UKULELE ENSEMBLE①②(아이러브뮤직)

www.kmedu.kr

연구위원

연구위원 김성심

코리아에어로폰오케스트라 단장
한국에어로폰교육협회 사무국장
코리아에어로폰그룹 단원
이태리 Gaspare Spontini 공립음악원 박사과정(아코디언)
이철옥아코뮤즈단 단장 역임
백석문화예술대학원 크로스오버관현악 석사과정(에어로폰)
인천아코디언 연구소 대표

연구위원 장샛별

코리아에어로폰오케스트라 단무장
한국에어로폰교육협회 수석교육이사
코리아에어로폰그룹 단원
수도국제대학원 음악학과 겸임교수
이태리 Gaspare Spontini 공립음악원 박사과정(음악교육)
예술융합교육 화기예예 대표
아이러브뮤직 기획이사

연구위원 안수연

코리아에어로폰오케스트라 단원
한국에어로폰교육협회 수석교육이사
코리아에어로폰그룹 단원
이태리 Gaspare Spontini 공립음악원 박사과정(음악교육)
한세대학교 대학원 음악학과 석사 (음악치료)
아이러브뮤직수원지사장
마술피리 앙상블 단장

연구위원 이인영

코리아에어로폰오케스트라 악장
한국에어로폰교육협회 대구시지부장
서울팝스필하모닉오케스트라 협연(에어로폰)
이태리 Gaspare Spontini 공립음악원 석사(오케스트라지휘)
대구예술대학교,세종사이버대학교 실용음악과 외래교수
경북대학교 평생교육원 출강
대구오카리나,에어로폰오케스트라 총감독&지휘자

연구위원 정유미

코리아에어로폰오케스트라 수석
한국에어로폰교육협회 수석교육이사
코리아에어로폰그룹 단원
백석대대학원 음악교육학 석사
이태리 Gaspare Spontini 공립음악원 박사과정(예술경영)
수도국제대학원 음악학과 겸임교수
밀레니엄오케스트라 소속 바이올린 강사

연구위원 한송희

코리아에어로폰오케스트라 전임 편곡자
한국에어로폰교육협회 수석교육이사
코리아에어로폰그룹 단원
경희대교육대학원 석사과정(음악교육)
(사)한국음악교육협회 용인시지부장
한국에어로폰교육협회 용인시지부장
유·초등 문화예술강사

연구위원 백규선

전자관악기 동영상 크리에이터
한국에어로폰교육협회 수석교육이사
코리아에어로폰오케스트라 음향감독
코리아에어로폰그룹 단원
한국에어로폰미래교육원 영상팀장

연구위원 박혜은

한국에어로폰교육협회 울산시지부장
(사)한국음악교육협회 울산남부지부장
한국타악기교육협회 울산지사장
서울기독교대대학원 석사과정(생활음악)
울산관내 유,초,중,고 1인1악기 및 특성화 강사
울산남구청 평생교육과 다−이음배움터 강사
홈플러스 문화센터 강사

제임스 정의 **에어로폰아 놀자 ②**

발행일 2024년 07월 10일
발행인 남 용
편저자 제임스 정
발행처 일신서적출판사
주 소 서울시 마포구 독막로 31길 7
등 록 1969년 9월 12일(No. 10–70)
전 화 (02) 703–3001~5(영업부)
　　　　(02) 703–3006~8(편집부)
F A X (02) 703–3009

ISBN 978–89–366–2874–1 94670
　　　　978–89–366–2861–1 (세트)

이 책에 수록된 곡들은 저작권료를 지급한 후에 제작, 출판하였으나 일부의 곡은 저작자 또는 저작권 대리권자에 대한 부분을 여러 매체나 기관을 통해 알아보려고 노력을 하였으나, 해당 곡에 대한 저작자 및 대리권자에 대한 부분을 찾지 못하였음을 알려드립니다.
저작자 및 저작권 대리권자께서 본사로 연락을 주시면 추후 곡의 사용에 대한 저작권법 및 저작자 권리단체의 규정에 따라 조치를 취할 것을 약속 드립니다.
부득이 저작권자의 승인없이 저작물을 사용하게 되어 대단히 죄송합니다.

◎ 원곡에 충실하여 바르고 좋게 출판코자 노력했습니다. 그러나 아쉬움이 많습니다. 존경하시는 저작자님께서 보시고 잘못된 부분이나 보완할 것이 있으시면 연락 주시면 수정 보완하겠습니다. 도와주시어 대단히 감사합니다.

본 책의 표지 및 내지의 에어로폰은 올랜드 공식수입원 (주)코스모악기의 이미지를 사용하였습니다.

©ILSIN 2024
www.ilsinbook.com